세상을 잇는 NGO
국제개발협력

이성호 지음

추천의 말

이제훈 회장 (前 초록우산 어린이재단 회장)

지구온난화와 환경 파괴, 빈곤의 악순환, 아동의 열악한 생활환경, 전쟁 피해의 복구 등은 이제 더 이상 한 국가의 노력만으로는 해결할 수 없는 문제들입니다. 이와 같은 글로벌 과제들은 국제적인 연대와 협력을 통해서만 실질적인 해법을 모색할 수 있으며, 그 중요성과 시급성은 날로 커지고 있습니다. 이제는 정부 차원의 대응뿐 아니라, 비영리·비정부기구^{NGO}들이 담당하는 민간 차원의 국제개발협력이 그 어느 때보다 절실한 시대입니다. 한국은 6·25 전쟁과 세계 최빈국 수준의 경제 상황을 극복하는 과정에서 국제사회의 많은 도움을 받았기에, 이제는 국제개발협력 분야에서 책임 있는 역할을 수행하고자 하는 의무감과 관심이 클 수밖에 없습니다.

이러한 흐름 속에서 해외 사업에 참여하는 국내 NGO들도 점점 늘어나고 있으며, 그만큼 경쟁 또한 치열해지고 있습니다. 그러나 중요한 것은 NGO들의 전문성, 책임성, 사업 성과와 신뢰도입니다. 그리고 경쟁 속에서도 협력하는 것입니다. 지금 전 지구적으로 처한 문제는 단일 NGO의 역량만으로는 성공하기 어려우며, 현지 NGO는 물론 국제 NGO, 국제 기구들과의 조화롭고 유기적인 협력이 이루어질 때 비로소 그 어려움을 극복할 수 있습니다.

이번에 출간된 이 책은 비영리기관에서 사업을 기획하고 추진할 때, 해외의 다양한 파트너들과 협력을 구축할 시 마주하는 다양한 기회와 도전을 솔직하게 풀어내고 있습니다. 복잡한 실무와 이상 사이에서 균형을 찾으려는 치열한 고민은 현장의 진면목을 보여주는 동시에, 우리가 지향해야 할 가치에 대해 깊은 통찰을 제공합니다.

저자는 초록우산 어린이재단에서 15여년간 국제개발협력사업을 수행하며 실무를 총괄하며, 국제어린이연맹ChildFund Alliance 등 국제 NGO와의 협력도 깊이 있게 이어왔습니다. 현장에서 직접 부딪치고, 배우고, 성장해 온 저자의 여정은 담담하면서도 울림 있게 전해집니다. 각 장면마다 녹아 있는 그의 진심은 이 분야에 종사하거나 관심 있는 이들에게 단순한 경험담을 넘어선 살아 있는 배움의 기회를 제공합니다. 또한 박사과정을 통해 그는 현장 경험을 학문적 언어로 정리하고, 다시 이를 실천으로 이어가려는 노력을 멈추지 않습니다. 이론과 실제가 만나는 이 책은 국제개발협력 분야에 몸담고자 하는 실천가와 연구자 모두에게 소중한 참고서가 될 것입니다. 국제개발협력에 종사하고 있는 분들, 또는 이 분야에 관심이 있는 모든 분께 일독(一讀)을 권하는 바입니다.

곽재성 (경희대학교 국제대학원 교수, 국제개발협력학회장)

이 책은 저자 이성호 박사가 몸으로 부딪치며 써 내려간 삶의 기록입니다. 초록우산 어린이재단에서의 첫 출발, 북한 사업을 둘러싼 복잡한 현실, 아동보호 전문기관에서의 긴박한 순간들, 그리고 30여 개국을 넘나들며 겪은 수많은 시행착오 속에서도, 저자는 단 한 번도 '이 길이 나의 길이 아닌가?'라는 의심에 멈춰선 적이 없습니다. 오히려 그는 끊임없이 스스로 묻고 주변과 소통하며, 더 나은 협력의 방식과 더 존중받는 개입에 대해 고민해 왔습니다.

개발협력의 길은 결코 정형화된 여정이 아닙니다. 머나먼 타국 이방인의 삶에 스며들어가는 일이기에, 매 순간 도전과 성찰의 연속이며, 때로는 이해할 수 없는 갈등과 마주하고, 예기치 않은 기쁨과 감동을 맛보기도 합니다. 『세상을 잇는 NGO 국제개발협력』은 바로 그런 현장의 순간들 속에서 한 개인이 어떻게 성장하고 변화하여 전문가의 반열에 오르는가를 생생하게 보여줍니다.

중요한 것은, 저자의 이 여정이 단지 개인적인 '성공 이야기'에 머무르지 않는다는 점입니다. 그의 경험은 누군가의 삶에 실제로 닿았고, 어떤 지역에는 작은 변화의 물결을 일으켰으며, 누군가에게는 같은 길을 걷고자 하는 용기가 되었습니다. 즉, 이 책은 개인적 사유와 경험을 바탕으로 개발협력의 바다에 생생한 생명력을 불어넣는 과정에 대한 인생 보고서라 할 수 있습니다.

저자가 돌아본 지난 시간은 단지 과거의 회상이 아니라, 앞으로 개발협력의 길을 걸어갈 이들에게 하나의 등불이자 지도입니다. 특히 현장 기반의 실천과 철학적 성찰을 함께 엮어낸 이 책은, 단순한 경험담 이상의 가치가 있습니다. 그것은 '사람을 바꾸는 경험이, 세상을 바꾸는 실마리'가 될 수 있다는 믿음을 우리에게 전하고 있기 때문입니다.

개발협력은 누군가를 구하는 일이 아니라, 함께 살아가는 방식을 치열하게 고민하는 작업입니다. 『세상을 잇는 NGO 국제개발협력』은 그 질문 앞에서 한 개인이 얼마나 진지하게, 그리고 성실하게 응답할 수 있는지를 보여주는 귀중한 기록이며, 동시에 개발협력 분야를 꿈꾸는 이들에게 든든한 지표가 될 것입니다.

저자의 말

국제개발협력이란 한 사람의 삶에 조심스럽게 들어가, 원하든 원하지 않든 그 사람의 인생에 영향을 미치는 일입니다. 그렇기에 무엇보다도 사람, 지역, 역사, 문화에 대한 깊은 이해가 필요합니다. 저는 대학 시절부터 세상에 대한 관심과 개인적인 소명이 더해지면서 이 길을 걸어오게 되었습니다. 한때는 세상을 변화시켜 보겠다는 당찬 포부와 미숙함, 오만함으로 비영리기관에서 17년을 보냈습니다. 국내 사업, 북한 사업, 해외 사업 등 다양한 분야를 경험하며 여러 나라를 다녀왔지만, 돌이켜보면 이 분야에 대한 철학적 성찰과 체계적인 사고가 부족했던 시간이었습니다. 우리의 지원이 그들에게 어떤 의미로 다가갈지, 나는 과연 어떤 권리로 그들의 삶에 개입하는지 스스로에게 묻기도 했습니다. 그러나 한 가지 확신하는 것은, 지난 모든 시간이 절대 헛되지 않았다는 것입니다. 지난 시간 동안 뿌린 씨앗들은 언젠가 꽃을 피우고 열매를 맺을 것이며, 그 작은 변화들이 모여 더 나은 세상을 만들어갈 것이라 믿습니다.

저는 운 좋게도 국제개발협력 분야에서 다양한 경험을 할 기회를 얻었습니다. 국제 NGO의 정책 및 전략 수립을 시작으로, 유엔 및 타 NGO들과의 정책 애드보커시, 인도적 지원, 개발협력 사업까지 그 영역을 넓혀가며 여러 나라를 방문하고 많은 사람과 함께 일했습니다. 그 과정에서 수많은 출장을 다녔고, 그 속에서 겪은 경험을 언젠가 책으로 남기고 싶다는 생각을 해왔습니다. 출장에서 돌아오는 비행기 안에서 메모를 정리하고, 촬영한 사진을 보며 사무실에 가면 꼭 체계적으로 정리해 책으로 만들어야겠다고 다짐했지만, 현실의 업무에 치이며 결국 메모와 사진들은 폴더 속에 쌓여가기만 했습니다.

박사과정을 시작하면서 주변으로부터 NGO 입사 과정, 개발협력 업무 경험, 박사과정을 시작한 이유와 앞으로의 계획에 관한 질문을 자주 받게 되었습니다. 여러 사람과 이런 대화를 나누며 과거의 경험을 정리하는 것이 나 자신에게는 물론, 국제개발협력 분야에서 일하거나 이 길을 꿈꾸는 분들에게도 작은 도움이 될 수 있겠다는 생각이 들어서 이 책을 쓰기 시작했습니다. 집필을 시작할 때는 고등학교 시절부터 이야기를 풀어냈지만, 지나치게 욕심이 앞선 듯합니다. 전체적인 흐름을 고려해 일부 내용을 과감히 덜어냈습니다. 수많은 사진과 기록 중 무엇을 남길지도 고민스러웠습니다. 결국 독자들에게 흥미롭고 도움이 될 만한 내용을 중심으로 정리하였습니다. 약 30개국을 오가며 경험한 것들, 현장에서의 시행착오와 성장 과정이 이 책에 담겨 있습니다.

글을 쓰면서 최대한 객관적인 시각을 유지하고 과장하지 않으려 노력했지만, 개인적인 경험을 바탕으로 한 만큼 주관적인 내용이 포함될 수 있습니다. 이 점을 고려하여 읽어주시길 바랍니다.

이 책이 국제개발협력 분야의 필독서가 되기를 바라지는 않습니다. 다만, 비영리기관에서 바라보는 국제개발협력의 관점과 현장의 생생한 역동을 전하고 싶습니다. 또한, 국제개발협력 분야에 첫발을 내딛는 분들, 이미 현장에서 헌신하고 있는 분들, 그리고 박사과정을 준비하는 분들에게 작은 팁과 용기를 전할 수 있기를 바랍니다.

이 책이 출간되기까지 많은 분의 도움이 있었습니다. 언제나 든든한 버팀목이 되어주신 이제훈 회장님과 신승일 이사님께 깊이 감사드립니다. 또한 전 세계에서 함께 협력해 온 수많은 해외의 파트너들에게도 진심으로 감사의 마음을 전합니다. 이 소중한 경험을 가능하게 해준 초록우산 어린이재단과 때로는 꼰대 같은 선배이자 든든한 동료로 나를 이해해 주고 함께해 준 후배들에게도 고마움을 전하고 싶습니다. 박사과정 동안 아낌없는 지도와 격려를 보내주신 곽재성 교수님께 진심으로 감사드립니다. 특히 출판을 망설이던 내게 따뜻한 조언과 용기를 주신 호하스 박소연 대표님께 깊이 감사 드립니다.

그리고 매일 아침저녁에 기도로 아들의 길을 축복해 주시는 부모님께, 저의 여정을 늘 믿어주고 함께 걸어와 준 아내에게 깊은 감사의 마음을 전합니다. 학위논문이 끝나면 더 많은 시간을 함께하겠다고 약속했는데, 또다시 책을 집필하는 아빠를 이해해 준 사랑스러운 두 아들에게 감사의 마음을 전합니다.

이 책이 누군가의 여정에 작은 등불이 되기를 바라며.
어느 눈 오는 겨울 춘천에서 2025년 2월

(목차)

추천의 말 2
저자의 말 5

Part 1.
비영리재단과의 만남

① 당당한 입사 지원자, 심사위원과 맞짱 뜨다 12
② 인사 담당자님 왜 그러시는 거예요? 16
③ 춘천과 첫 만남 18
④ 아동 학대 예방 상담원의 삶 20
⑤ 돌고 도는 사례 파일들 23
⑥ 사소한 복수 25
⑦ 북한 사업해 볼 생각 없나? 28

Part 2.
북한 사업

① 서울 본부로의 첫 출근, 설렘 가득 안고 32
② 북한 사업을 알아가다 34
③ 첫 출장, 처음 느껴본 기분 37
④ 북한 사업의 딜레마 42
⑤ 우리는 어디에도 존재하지 않는 사람 45
⑥ 고려항공 비즈니스석을 경험하다 48
⑦ 베이징 디탄 병원에서의 생활 51
⑧ 북한에서 돌아오지 않는 이 54
⑨ 동포애, 믿음, 술 60
⑩ 우리의 한계, 그리고 국제백신연구소 62
⑪ 불과 33.1 km 66
⑫ 북한 사람을 마음에 품다 73

Part 3.
국제개발협력의
길로 들어서다

① 인생 멘토와의 만남, 그리고 첫 국제회의 76
② 베를린과 I'm Yours 79
③ 굿바이 MDG 83
④ 글로벌 애드보커시와 만남 86
⑤ 나의 든든한 해외 파트너들 89
⑥ 우리는 누구고 그들은 또 누구인가 91
⑦ 서로 빛나는 이들 94
⑧ 해외 의료캠프의 교훈 96
⑨ 2015년 삶이 멈추던 그 겨울, 다시 선물을 받다 105
⑩ 해외 모금 방송 촬영 108
⑪ 왜 해외사업을 해야 하나요? 120
⑫ 직접 사업 vs 간접 사업 123
⑬ 직원들이 떠나는 이유 126
⑭ 진정한 파트너십 128
⑮ 세상의 아이들을 위한 헌신, 그러나 나의 아이들은… 130
⑯ 작별, 다시 춘천으로 133
⑰ 삶의 지혜, 수유칠덕과 국제개발협력 140

Part 4.
두 아들을 둔 중년 남성,
박사과정에 들어가다

① 이 길은 나의 평생 소명 148
② 너 미쳤니? 150
③ 역시 공부는 한 살이라도 어릴 때 하는 것 152
④ 위기의 박사 과정 154
⑤ 육아휴직, 아이들과 나의 성장 158
⑥ 새벽을 깨우며 쌓아가는 하루의 균형 160
⑦ 박사 과정의 길에서 깨달은 것들 162
⑧ 멈춤 속에서 찾은 글쓰기 지혜 168
⑨ 포기하고 싶을 때 논문을 붙드는 힘 170
⑩ 춘천 박사마을과 215번째 이름 172
⑪ 학위를 마친 날, 나를 빛내준 이들에게 감사하며 173
⑫ 새로운 출발 175

Part 1.   비영리재단과의 만남

1

당당한 입사 지원자,
심사위원과 맞짱 뜨다

    2006년 겨울, 한국복지재단(현, 초록우산) 입사 서류심사를 통과하고 필기시험을 보기 위해서 추운 칼바람을 맞으며 서울 강남의 어느 빌딩으로 향했다. 현장에 도착하니 재단 관계자들과 지원자들이 준비 중이었고, 나는 번호표를 받아 자리에 앉았다. 시험은 논술과 영어로 진행되었다. 글 쓰는 것을 좋아해 평소에도 유명 인사들의 말이나 생각을 메모하고 다녔던 터라, 논술 문제가 마음에 들었다. 구체적인 문제는 기억나지 않지만, 오랫동안 생각해온 주제들을 활용해 답안을 잘 작성해 나가며 시험을 마쳤다.
    2006년 12월, 대구로 내려와 이런저런 소일거리를 하던 중 입사 필기시험에 합격해서 면접을 보러 오라는 연락이 왔다. 면접 장소는 서울 중구 무교동. 서울시청 바로 옆이었다. 면접 당일, 재단 빌딩 앞에 섰을 때 나는 잠시 멈춰 섰다. 1층 명패에 쓰인 "한국

복지재단"이라는 이름을 보며 깜짝 놀랐다. 서울 중심에 11층짜리 건물을 소유한 재단이라니, 대단하다는 생각이 들었다. 엘리베이터를 타고 면접 장소인 11층으로 올라가자, 필기시험 때 감독관이었던 인사부 직원이 눈에 들어왔다. 호탕한 목소리와 자신감 넘치는 모습이 인상적인 직원은 면접자들을 친절히 면접 대기실로 안내했다. 대기실에서는 다른 면접자들과 함께 시간을 보냈다. 원래 면접 대기실은 서로 대화가 거의 없는 경우가 많지만, 우리는 어색한 분위기를 덜기 위해 이런저런 이야기를 나누며 적막한 시간을 견뎠다. 다른 면접자 중 한 명이 순서가 되어 면접장으로 들어가자, 우리는 "파이팅!"이라고 격려했다. 마치 면접이 아닌 일종의 친목 모임 같았다. 몇 분 후, 그 면접자가 땀을 흘리며 나왔다. 우리는 뻔한 질문을 던졌다.

"면접 어땠어요?"

그는 길게 한숨을 내쉬며 대답했다.

"다른 질문은 괜찮았는데, 마지막에 영어 질문이 나와서 엄청 애를 먹었어요."

그 말을 듣고, 나는 역시 면접의 최대 관문은 영어라는 생각이 들었다. 다행히 나는 서울에 올라오기 전부터 영어 인터뷰를 예상하고 준비해 두었다. 대본을 써서 여러 번 읽고, 연습하며 만반의 준비를 마쳤다.

드디어 내 차례가 되었다. 면접실에 들어서는 순간, 그 분위기가 아직도 생생히 기억난다. 면접관은 11명, 지원자는 나 혼자였다. 가운데에는 회장님으로 보이는 분이 앉아 있고, 양쪽으로 다섯 명씩 대각선으로 포진해 있었다. 마치 이순신 장군의 명량대첩에서 학익진 전술과도 같은 배치였다.

나는 들어가며 스스로 다짐했다. '싸움은 기세다. 여기서 기에 눌리면 안 된다. 자신감 있게, 하지만 과하지도 비굴하지도 않게 하자' 면접실에 들어가서 자리 잡고 앉으며 심사위원들을 빠르게 살펴보니 모두 온화하고 좋은 분들처럼 보였다. 면접은 지원 동기, 과거 경험, 포부 등 예상한 질문과 답변이 오갔다. 나는 침착하게 답하며 분위기를 잘 이끌어 갔다. 그리고 마지막 순간이 다가왔다. 영어 인터뷰였다.

심사위원 중 한 명이 질문을 던졌다.

"이성호 지원자, 이력서를 보니 해외 경험과 외국인 관련 업무 경험이 많던데, 영어 잘합니까?"

그 순간, 지난날 병장 시절부터 영어를 공부하고, 호주에서 버스커로 활동하며, 미국 나이아가라 폭포 앞에서 핫도그를 팔고, 대학교 국제교류팀에서 쌓아온 경험들이 떠올랐다. 나는 스스로에게 다시 한번 되뇌었다. 과하지 않게, 비굴하지 않게. 그리고 말했다.

"네, 잘합니다."

보통 이런 상황에서는 '업무하는 데 불편함이 없을 정도로 합니다'처럼 겸손한 답변이 나오는 경우가 많다. 하지만 나는 그날 만큼은 자신감에 차 있었다. 담대하게, "잘합니다"라고 답했다.

사실, 그다음 질문은 예상하고 있었다. "그럼, 영어로 한번 말해보세요." 내가 준비한 모든 것을 쏟아낼 준비가 되어 있었다. 대본 첫 문장은 항상 'Let me introduce myself. 제 소개를 하겠습니다.'였다. 그런데 예상과는 다르게 심사위원은 "네, 알겠습니다."라며 가볍게 미소를 짓고는 더 이상 묻지 않았다.

시간이 많이 흘러서 그 심사위원을 만난 자리에서 물어봤다.

"그때 왜 영어를 한번 해보라고 하지 않으셨어요?"

그는 특유의 자상한 미소를 지으며 대답했다.

"잘한다고 하니 굳이 확인할 이유가 없었죠."

2006년 겨울, 그 면접은 나에게 큰 변화를 가져다준 중요한 시기였다. 당시를 돌아보면, 재단과의 인연은 내 젊은 시절에 있어 중요한 전환점이자 국제개발협력으로 초대된 계기가 되었다.

②

인사 담당자님
왜 그러시는 거예요?

　치열한 면접을 통과한 후 얼마 지나지 않아 합격 소식을 들었다. 내가 그토록 바라던 곳이었다. 전국에 사업장이 있는 재단에서 일하게 되었으니, 대구에서 벗어나 제주의 푸른 바다나 강원도의 깊은 산골처럼 새로운 환경에서 근무할 수 있기를 기대했다. 며칠 뒤, 인사 담당자의 전화가 왔다. 그는 부드러운 목소리와 온화한 성품의 소유자이자 재단 내에서 오랜 경력을 가진 분으로, 축하 인사를 건네며 나와 대화를 이어갔다. 마침내 본론으로 들어가던 인사 담당자는 내 발령지를 조심스레 언급했다. "이성호 합격자는 ○○복지관으로 발령이 날 예정입니다." 전화를 끊고 한동안 생각에 잠겼다. 어쩌면 처음부터 익숙한 곳에서 시작하는 것이 좋을 수 있지만, 나의 마음은 그렇지 않았다. 부모님께 소식을 전하니 집에서 출퇴근할 수 있으니 잘 되었다며 기뻐하셨다. 마음이 그리 좋지는 않았지만, 주어진 상황을 받아들이기로 마음먹었다. 어쩌면 이것도 내 인생의 과정이리라 생각하며, 최선을 다할 준비를 했다.

며칠 후, 인사 담당자에게 다시 전화가 왔다. 첫 통화와는 다른 차분한 목소리로, 왠지 조심스럽게 말씀을 꺼내셨다. "혹시 춘천에서 일할 생각은 없나요?" 갑작스러운 제안에 잠시 당황했지만, 잠시 생각할 시간을 달라고 요청했다. 인사 담당자는 감사하다며 긍정적으로 검토해달라고 부탁하셨다. 전화를 끊자마자 나는 곧 결정을 내렸다. 춘천. 한 번도 가본 적 없는, 친구도 가족도 없는 낯선 그곳에서 새로운 시작을 해보고 싶었다. 나에게 전혀 연고 없는 춘천에서, 정말 모든 것을 새롭게 개척해 나가고 싶었다. 다시 인사 담당자에게 전화를 걸어, 마치 고민이라도 많이 한 듯 천천히 답했다. "재단의 뜻이라면… 조금 힘들겠지만, 춘천으로 가겠습니다." 그는 연신 고맙다는 말씀을 남기며 전화를 마쳤다.

몇 년 후, 그때를 회상하던 인사 담당자는 "그때 이성호 선생님이 수락하지 않았다면 조금 난감할 뻔 했어요. 정말 고마웠습니다."라고 말씀하셨다. 그러나 정작 감사해야 할 사람은 나였다. 덕분에 나는 편안함을 내려놓고, 그동안 익숙한 고향을 떠나 낯선 춘천으로 향할 기회를 얻었으니 말이다.

3

춘천과 첫 만남

    2007년 1월 1일, 춘천에 있는 ○○아동보호전문기관으로 발령을 받았다. 기대보다는 미지의 세계로 떠나는 설렘이 더 크게 다가왔다. 그때 타던 차는 조용하면서도 강력한 매력이 있는 레간자였다. 소리 없이 강한 차에 미니 냉장고와 이불, 몇 개의 간단한 생활용품을 싣고 대구를 떠날 준비를 했다. 이제, 나도 소리 없이 강한 사람이 되어 새로운 여정을 시작하고 싶었다.

    신천 고가도로를 지나며 신천 강변이 눈에 들어왔다. 그곳은 내 20대 대부분의 땀과 노력이 담긴 곳으로, 나의 한계까지 이끌어내던 운동의 현장이었다. 그 풍경을 뒤로하며 한 성경 구절이 떠올랐다. "너는 본토 친척 아비 집을 떠나 내가 네게 지시할 땅으로 가라." 그리고 막연히 다짐했다. 다시 돌아올 때는 내 인생의 동반자와 함께 이 길을 다시 밟으리라.

북대구를 지나 중앙고속도로로 들어서자, 레간자는 힘차게 속력을 냈다. 군위, 안동, 제천을 지나 치악산으로 이어지는 길은 시원한 드라이브의 연속이었다. 터널을 하나씩 지날 때마다 터널을 만들기 위해 수고한 사람들에게 감사를 느꼈다. 주위는 온통 산으로 둘러싸여 있었고, 끝없이 북쪽으로 향하는 길이 끝내 춘천을 맞이하지 않을 것 같았다. 이렇게 계속 올라가면 혹시 북한까지 가는 게 아닌가 하는 엉뚱한 생각이 들 정도로 낯선 길이었다. 얼마나 달렸을까, 춘천IC가 눈앞에 나타났다. 구불구불한 길을 따라 오르막을 올라가다 보니 춘천휴게소에 도착했고, 그곳에서 춘천의 전경이 한눈에 들어왔다. 춘천은 대구처럼 분지 지형을 가지고 있어, 산으로 둘러싸인 중앙에 아름답게 자리 잡은 도시였다.

   춘천IC를 빠져나오자 제일 먼저 나를 반겨준 것은 동네 이름들이었다. 퇴계동, 석사동, 박사마을… 이름만 들어도 학구적인 느낌이 가득했다. 춘천의 야경을 즐기며 밤 10시쯤, 사무실 근처의 작은 원룸에 도착했다. '여기서부터가 진짜 시작이겠구나.' 한 번도 와본 적 없는 이곳에서 나를 기다릴 새로운 일들과 만날 사람들을 생각하니 기대와 설렘으로 가득한 하루였다.

④

아동 학대 예방 상담원의 삶

　아동보호전문기관은 아동 학대의 예방과 대응을 담당하는 곳으로, 아동 학대 신고가 접수되면 즉각 현장 조사에 나가고, 이후 전문가 회의를 거쳐 학대 여부를 판단해 심리 상담이나 미술치료 같은 후속 서비스를 제공한다. 요즘은 아동 학대를 예방해야 한다는 인식이 많이 확산되어 있지만, 2007년 당시에는 '내 아이를 내가 키우는데, 당신들이 무슨 권한으로 우리 집에 들어오냐'라고 저항이 컸었기에 업무가 쉽지 않았다. 그래서 업무를 함께 하는 동료 간의 단단한 유대가 중요했고, 상담원의 마음가짐도 중요했다. 매년 다른 기관의 상담원들이 현장 출동 중에 가해자로부터 공격을 당하거나, 상담 중 폭력 사건이 발생했다는 소식을 들을 때면, 민간에서 이런 위험한 일을 해야 하는 것에 대한 회의감과 불안을 느끼곤 했다.(지금은 현장 출장은 경찰이 담당하고, 상담이나 치료 영역은 민간에서 하고 있다.) 하지만 우리 모두는 아동을 지키겠다는 사명감으로 똘똘 뭉친 동료들이었고, 어떤 위협보다도 소중한 생명을 살리는 일이 우선이었다.

나도 여러 지역에서 들어오는 신고와 현장 출동을 담당했는데, 특히 평창에서 온 신고들이 유독 나에게 많이 배정되었다. 어느 날 밤, 내가 당직이어서 근무용 핸드폰을 가지고 집에 왔다. 그날은 신고가 들어오지 않기를 바라며 업무를 마치고 잠이 들었는데, 새벽 1시에 갑자기 핸드폰 벨이 울렸다. 직감적으로 신고 전화임을 알아차리고, 목소리를 가다듬으며 전화를 받았다. "안녕하세요, ○○아동보호전문기관입니다." 하지만 전화 너머의 상대방은 한동안 침묵했다. 잠시 뒤, 낮고 무거운 남성의 목소리가 들려왔다. "저 죽고 싶어요." 나는 잠시 숨을 고르고 조심스럽게 대화를 이어갔다. "제가 곧 가겠습니다. 거기 계세요. 알겠죠?" 서둘러 당직 근무를 함께 하던 동료에게 연락해 춘천에서 평창으로 급히 출발했다.

새벽 3시쯤 평창에 도착해 남성이 거주하는 아파트 앞에 섰다. 마음을 차분히 가다듬고 문을 두드린 후 조심스럽게 들어갔다. 어둠 속 미세한 불빛이 새어 나오는 방으로 향했다. 그 남성은 술에 취해 있었고, 어린아이는 거실에서 자고 있었다. 그 순간의 감정은 두려움보다는 측은함이었다. 삶이 얼마나 힘들었으면 이런 선택을 고민했을까, 그들이 따뜻한 음식과 말 한마디 들어본 마지막이 언제였을까… 여러 생각이 교차했다. 한 시간 남짓 이어진 대화 끝에 남성이 극단적인 선택을 하지 않겠다는 결심을 확인하고 여러 조치를 취한 후 그 집에서 나왔다. 그날 아침 평창군 사회복지 담당자에게 이 사례를 공유하고, 필요한 지원 방안을 논의했다. 그날의 출동을 마치고 돌아오는 길, 이 일이 얼마나 소중한 일인지 깨달았다. 이 일에 종사하는 전국의 아동보호전문기관 직원들에게 경의를 표하며, 그들의 노고에 마음 깊이 응원과 감사를 보낸다.

⑤

돌고 도는 사례 파일들

처음 사무실에 출근해 기관장님과 선배들께 인사를 드리고, 인수인계를 받는 날이었다. 내 자리 뒤에 놓인 서랍장을 열며 선배는 "여기 있는 게 아직 해결되지 않은 사례 파일들이에요."라고 친절히 설명해 주었다. 미국에서는 아동 학대 예방 상담원이 평균적으로 다섯에서 일곱 개의 사례만을 집중적으로 관리한다고 한다. 그러나 내게 넘겨진 파일은 무려 120건이나 되어, 그 양에 압도될 수밖에 없었다. 하나의 파일은 한 가정의 이야기, 한 사람의 인생을 담고 있을 텐데, 내가 120가정을 어떻게 다 관리할 수 있을까 하고 당황해하는 내 표정을 본 선배가 말했다. "너무 부담 갖지 말아요. 여긴 주로 10에서 20개 사례만 집중적으로 관리한다고 생각하면 돼요."

그 말에 다소 안심이 되긴 했지만, '그럼 나머지 100가정은 어떻게 되는 건가' 하는 생각이 머릿속을 스쳐 갔다. 일단 인수인계를 마치고, 집중 관리 대상인 20가정부터 하나씩 살펴보기 시작했다. 동시에 나머지 100가정의 사례 파일도 모두 꼼꼼히 읽어 내려갔다.

아동 학대 사례는 단번에 해결되는 일이 드물다. 여러 가지 요인이 복합적으로 얽혀 있어서, 오랜 시간에 걸쳐 지켜보고 함께 해야 하는 경우가 많다. 가해자의 행동이 조금씩 바뀌고, 가정이 회복의 힘을 찾아가며 잘 마무리되는 듯한 순간도 있다. 하지만 얼마 지나지 않아 다시 신고가 들어오고, 익숙한 이름이 접수 목록에 올라오는 일을 마주하게 된다. 한때는 끝난 줄 알았던 사례가 돌고 돌아 다시 원점으로 돌아오는 경우도 많다.

혼자의 힘만으로는 도무지 감당하기 어려운 순간도 있지만, 그럴수록 나는 한 가정을 조금 더 깊이 이해하고, 그들의 삶에 진심으로 다가가려는 마음을 놓지 않으려 했다. 그것이 내가 이 일을 계속 해나가는 이유이기도 했다.

6

사소한 복수

아동보호전문기관 상담원들은 다양한 일을 경험한다. 심각한 알코올 중독자와 대화하다가 술 한잔을 얻어 마시기도 하고(원래 이렇게 하면 안되지만 나는 라포형성을 위해 그렇게 했다), 전과범과 다양한 세상 이야기를 나누며 항상 대피로를 고려해야 한다. 당직이 되었을 때는 당직 전화기를 가지고 종교 행사에 참석하거나 심지어 축구를 할 때도 전화기를 지니고 있다. 아침에 인사할 때 "안녕하셨어요?"라고 통상적으로 인사하는 것이 아니라, 정말로 "지난 밤에 잘 지내셨나요?"라는 서로의 안부를 챙기는 끈끈한 동지애가 있다. 매일 가해자에게 협박과 폭언, 끊임없는 불평을 듣는 우리도 때때로 사소한 복수를 하는 경우가 있다.

어느 날 외근을 나갔다가 사무실에 돌아오니, 한 상담원이 전화와 씨름을 하고 있었다. 통화한 지 대략 30분이 넘은 것으로 보였고, 전화 너머에서 들려오는 소리는 욕이 아니면 해석할 수 없는 말들이 쏟아지고 있었다. 젊은 상담원이 세상 어디서 그런 욕을 들어봤겠는가. 내가 옆에서 들어도 너무 심한 욕이었고, 그 직원은 얼굴이 파랗게 질려서 어쩔 줄 몰라 했다. 그래서 나는 '이런 욕은 내가 많이 들어봤으니, 이건 내가 처리해야겠다.'라는 마음으로 전화를 받아 들었다. 전화 상대가 여자에서 남자로 바뀌자, 그의 욕은 더 거칠어졌다. 한참 동안 듣고 있다가 내가 말하려고 하니 갑자기 아저씨가 전화를 끊어버렸다.

어느 금요일 밤이었다. 금요일 밤에서 토요일 새벽으로 이어지는 밤이면 박지성 선수가 활약하는 맨체스터 유나이티드 경기를 보면서 일주일의 스트레스를 날려버렸다. 이상하게도 매주 토요일 새벽 1시가 되면 사례를 담당하는 가정의 아버지가 당직 핸드폰으로 전화를 걸어 술에 취한 목소리로 상담원들을 괴롭히는 일이 반복되었다. 이런 일이 계속되니 한 번 골탕을 먹여줘야겠다는 장난기가 발동했다.

그래서 어느 토요일 새벽, 맨체스터 유나이티드 경기를 보다가 그 아저씨에게 전화를 걸었다. "졸린 목소리로, 도대체 어느 미친놈이 새벽 1시에 전화를 하는 거야?"라는 소리가 들려왔다. 나는 능청스럽게 아저씨가 늘 이 시간에 전화하니 나도 보고 싶어서 전화했다고 말했다. "뭔 소리야? 지금 새벽인데, 빨리 자야지. 그래야 내일 일 하러 가지"라며 걱정해 주는 목소리였다. 나는 그의 배려가 고마워서 감사 인사를 하고 전화를 끊었다. 신기하게도 그 이후로는 매주 토요일 새벽에 오는 아저씨의 전화는 사라졌다. 그 후 나는 편히 주말마다 맨체스터 유나이티드 경기를 볼 수 있었다.

⑦

북한 사업해 볼 생각 없나?

　2008년 봄, 나는 여느 때처럼 열심히 사례 파일을 정리하고 현장 출동을 하며 학대 가해자들에게 전화로 욕을 먹고, 당직 전화기를 들고 조깅하면서 영어 공부를 하고 있었다. 춘천의 매력에 흠뻑 빠져들면서, 이곳이 내가 앞으로 살아가야 할 곳이라는 생각이 들었다. 원룸에서 생활하던 나는 30만 원의 월세를 감당하는 것이 큰 부담이었다. 그래서 큰 결심을 하고 전세를 알아보기 시작했다. 후평동에는 오래된 아파트가 있었고, 곧 재개발이 예정되어 있다는 소문이 있었다. 부동산에서 소개해 준 2,000만 원 전세의 15평 아파트는 방 하나, 거실 하나, 부엌이 있는 구조였다. 혼자 사는 나에게는 부족함이 없었다. 이 집이 마음에 들어서 은행으로 가서 전세 계약서를 보여주고 대출을 받아 계약을 마쳤다. 이사를 마치고 심플하게 꾸민 집은 정말 환상적이었다. 나만의 공간이 생긴 것에 너무 감사했다.

　동료들에게 원룸을 벗어나 나의 집으로 이사 간다고 자랑하며 집을 꾸릴 계획을 세우려던 시기에 본부의 인사 발령으로 해외사업본부의 북한사업팀에 배치되었다. 북한? 나는 국제개발협력 분야는 관심이 많았지만, 북한은 한 번도 생각해 본 적이 없었다. 전세 계약서가 마르기도 전에 서울 본부로 북한 사업을 하러 가야 하는 상황이 되었다.

　인생은 참, 늘 내가 세운 계획대로 흘러가지 않는다는 걸 또 한 번 실감했다. 뜻하지 않은 방향으로 흐르는 순간 당황스럽기도 했지만, 재단에서 내가 필요해 북한사업팀으로 배치한다는 이야기를 들었을 때, 마음 한켠에 감사한 마음이 먼저 들었다. 내가 선택한 길은 아니었지만, 누군가의 필요 안에서 내가 자리를 찾았다는 사실이 그저 고마웠다.

　춘천에서의 1년 4개월, 정말 많은 일이 있었고, 정든 동료들과 매일 나를 괴롭히던 사례 가정의 아저씨들, 마음에 품은 많은 아이들을 두고 춘천을 떠나게 되었다. "You don't know what comes next. 다음에 무슨 일이 일어날지 알 수 없다."라는 문구가 머릿속을 스쳤다.

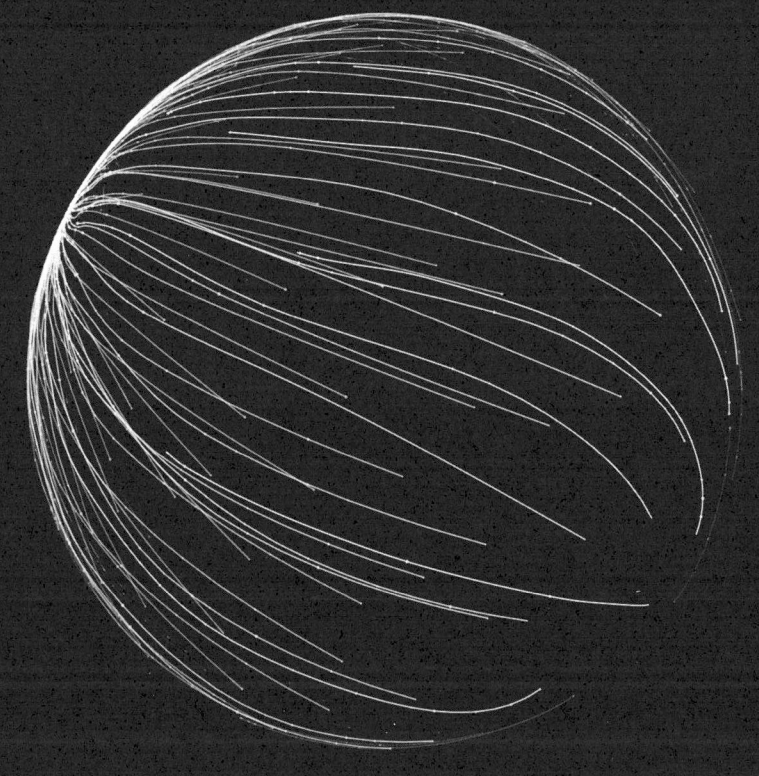

Part 2.　　　　　　　　　　　　　북한 사업

①

서울 본부로의 첫 출근,
설렘 가득 안고

　서울 본부 발령 후, 급하게 집을 구하려 했지만 서울에서 집을 구하는 일이 쉽지 않았다. 하지만 발령은 발령이었다. 집이 없다고 해서 출근하지 않을 수는 없으니, 일단 춘천에서 동서울로 가는 버스를 타고 본부로 첫 출근을 나섰다. 2008년 5월, 춘천 시외버스터미널을 출발한 버스 창밖으로는 푸르게 우거진 산들이 이어졌고, 마치 첫 출근을 응원해 주듯 날씨도 화창했다. 남춘천, 강촌을 지나며 설렘을 가슴에 담고 있었는데, 어느새 졸음이 밀려왔다.
　경적에 눈을 떠보니, 내가 알던 세상과는 전혀 다른 풍경이 눈에 들어왔다. 서울에 진입한 버스는 올림픽대로를 따라 달리고 있었다. 아침부터 수많은 차가 각자의 목적지를 향해 질주하고, 눈앞에 펼쳐진 서울의 높다란 빌딩들과 아름다운 한강의 풍경은 이곳이 정말 대한민국의 수도, 서울이라는 생각이 들게 했다. 문득

1988년 서울 올림픽 때 온 나라가 함께 불렀던 정수라 가수의 노래「아! 대한민국」가사가 떠올랐다. '원하는 것은 무엇이든 얻을 수 있고, 뜻하는 바는 무엇이든 될 수 있는 이곳, 서울에서 멋지게 시작해 보자'라는 다짐과 함께 동서울시외버스터미널에 내렸다.

눈앞에 펼쳐진 인파에 압도되었지만, 강변역에서 지하철 2호선을 타자 나도 이제 서울의 직장인이 되었다는 자부심이 생겼다. 비좁은 출근길에 손조차 자유롭게 움직일 수 없었지만, 그런 상황마저 새로운 시작을 상징하는 듯해 묘한 설렘을 느꼈다. 을지로입구역에 내려 본부로 들어섰다. 입사 면접을 보러 왔던 그 건물에 이제 북한사업팀으로 발령받아 다시 들어서니 감회가 남달랐다. 11층에 도착하니 안내를 맡은 직원이 나를 반겼다. 서울 사람의 친절하고 세련된 말투가 인상적이었다. 본부 직원들과 첫인사를 나누며 해외사업본부로 안내받았다. 그 당시 해외사업본부는 대략 10명 정도의 여직원들이 있었고, 나는 유일한 남자 직원이었다. 내 자리로 안내받은 곳은 11층의 가장 구석 모서리 자리였다. 창밖으로는 비둘기들이 날아 오르내리고 있었고, 이곳이 나의 새로운 업무 공간이었다. 반갑게 맞아준 직원들에게 인사하고 이런저런 이야기를 주고받으며, 앞으로 펼쳐질 일들에 대한 기대와 약간의 긴장이 뒤섞인 하루를 보냈다. 본부에서의 첫날, 마음속의 설렘은 커졌지만, 이곳에서 마주할 업무와 도전들이 나를 어떻게 변화시킬지는 아직 알지 못했다.

②

북한 사업을 알아가다

해외사업본부 내의 북한사업팀은 팀장 한 명과 팀원 세 명으로 구성된 작은 팀이었다. 이미 두 명의 팀장이 석 달 만에 팀을 떠났다는 이야기를 듣고 궁금증을 참을 수 없어 팀원들에게 이유를 물었다. 그러나 돌아온 대답은 "북한 사업이 어려워서 그랬다"라는 말뿐이었다. 나는 "그럼 여러분은 괜찮으신가요?"라고 다시 물었지만, 어색한 웃음만 돌아올 뿐이었다.

드디어 업무 인수인계가 시작되었다. 대개 이런 자리는 전임자가 대충 설명하고 "알아서 잘해보세요."라고 마무리하기 마련이지만, 재단의 인수인계는 달랐다. 북한 사업의 기본적인 내용은 물론, 재단이 직면한 과제와 국내의 다른 민간 대북 지원 단체들의 전략적 활동까지 자세히 설명해 주었다. 전임자는 특히 북한 출장에서 정신을 바짝 차리고 잘 버텨야 한다는 조언을 남기며 마지막으로 "굿 럭."이라 덧붙였다. 전임자가 남겨준 서류와 컴퓨터 파일을 통해, 내 담당 업무에 대해 하나씩 파악해 나갔다.

업무를 정리하는 도중, 본부장님이 티타임을 하자고 하셨다. 그가 재단 내에서 북한 사업의 선구자라 불린다는 이야기를 들은 터라 더 긴장한 채로 방에 들어섰다. 본부장님은 본부에 오게 된 것을 환영하며 북한 사업에 관한 이야기를 쏟아내기 시작했다. 분명 차 한잔하자는 자리였지만, 분위기는 국정 브리핑처럼 진지하고 정보의 양은 엄청났다. 이 순간 메모를 해야 하나, 녹음을 해야 하나 고민했지만, 티타임인 만큼 일단 가볍게 대화에 집중하기로 했다.

이야기 중간에 본부장님은 문득 "술은 좀 하세요?"라고 물으셨다. 회식 이야기인가 했는데, 다시 물으셨다. "술을 즐겨하시나요? 주량은 어떻게 되죠?" 여러 이유로 술과는 다소 거리가 있었던 나는, 특히 직장에서 술자리 이야기가 나오면 본능적으로 경계심이 생겼다. 승진에 불이익이 있더라도 술을 거부하겠다는 마음으로 "술은 하지 않습니다."라고 확고히 답변했다. 본부장님은 다소 의아하다는 표정으로 "아, 그럼 좀 곤란한데요"라고 말씀하셨다. 북한에서는 사업 논의를 위해 북한 파트너들과의 술자리가 중요하다는 것이다. 솔직히 말해, 이 이야기를 듣는 순간 불안감이 밀려왔다. 북한 출장을 가게 되면 술을 권유받을 텐데, 과연 내가 그 자리를 어떻게 넘어갈 수 있을지 걱정이 앞섰다. 그러면서도 나는 "술은 못 해도, 술 마신 사람보다 더 열심히 일할 자신 있습니다."라고 말했다. 이렇게 결연한 의지가 북한에서 어떤 상황을 불러올지, 그때는 전혀 상상할 수 없었다.

③

첫 출장, 처음 느껴본 기분

    내가 맡은 업무는 북한어린이지원봉사센터 건축이었다. 인수인계를 받았을 당시 공사는 대략 20% 진행된 상태였다. 이어받은 내 역할은 건물 외곽 공사에 필요한 기초 자재를 구매해 북한으로 보내고, 현장에서 이를 확인하는 일이었다. 다행히 행정지원팀의 노련한 선배가 구매를 담당해 주었기에 자재 구매 과정에 대한 걱정은 없었다. 구매한 자재는 인천항으로 보내졌고, 여러 절차를 거쳐 북한 남포항으로, 이후 평양으로 운반되어 건축에 투입되었다. 내 주요 업무는 자재가 잘 운송되고, 공사가 제대로 이루어지는지 모니터링하는 것이었다.

    발령받은 지 한 달 만에 첫 북한 출장을 가게 되었다. 같이 준비할 사람이 마땅히 없었고, 북한 출장을 위한 매뉴얼도 없었다. 목적지가 북한이니만큼 준비가 부족해서는 안 된다는 생각에, 이

전에 북한 출장 내부 기안서를 모조리 살펴보고 이를 토대로 준비하기 시작했다. 그리고 타 기관의 실무자에게 연락해서 북한 출장에 대한 도움을 구했다. 출장 준비의 첫 단계는 통일부에 출장 신청을 하는 것이었다. 출장 날짜, 출장자 정보, 목적 등을 세부적으로 입력한 후 허가를 받아야 했다. 통일부의 허가가 있더라도 다른 큰 장벽이 기다리고 있었다. 그것은 북한 측 초청장을 기다려야 했다. 북한 초청장은 북측이 우리 일행의 방문을 허가하고 안전을 보장해 준다는 내용을 담고 있었다. 그 당시 북한 파트너와의 소통은 주로 팩스로 이루어졌는데, 초청장은 대부분 출국 하루 전에야 도착했고, 때로는 베이징 공항에서 고려항공으로 북한에 들어가기 불과 1~2시간 전에 받는 경우도 있었다.

첫 출장의 초청장은 출발 하루 전에야 팩스로 도착했다. 이번 일행은 나를 포함하여 총 5명으로 본부장님과 운영지원팀장, 건축업체 대표들로 구성되었다. 우리는 인천공항에서 중국 선양으로 향하는 비행기에 탑승했다. 선양에 도착하니 북한 비자를 발급해 주는 현지 업체 직원이 우리를 맞이해 북한 비자를 수령할 수 있도록 안내해 주었다. 비자를 받은 후 몇 시간을 대기한 끝에 고려항공에 탑승해 평양 순안공항으로 향했다. 일행 중 북한에 처음 가는 사람은 나뿐이었지만, 함께 간 이들은 이미 여러 번 북한을 다녀온 경험이 있어서인지 눈에 띄게 여유로워 보였다. 나 역시 긴장하거나 과하게 들뜨지 않으려 최대한 평정심을 유지하고자 노력했다.

고려항공 기내에는 대부분 북한 사람이 타고 있었고, 북으로 간다는 것을 실감했다. 큰 굉음과 함께 비행기가 이륙하자, 얼마 지나지 않아 압록강 상공에 이르렀다. 이때 승무원이 일어나 압록강에 대한 설명과 함께 북한 체제를 옹호하는 방송을 시작했다. 얼마 지나지 않아 비행기는 평양 순안공항에 도착했고, 드디어 북한 땅에 첫발을 내딛는 순간이 다가왔다. 이때만 해도 내가 이후로도 수십 번 북한을 방문하게 될 것이라곤 전혀 상상하지 못했다. 신선한 공기가 느껴지기는 했지만, 이 낯선 곳에 발을 딛는 순간 막연한 긴장감이 몰려왔다.

짐을 찾아 공항을 나서려 할 때, 우리는 여권, 비자, 항공권, 핸드폰을 세관에 맡겨야 했다. 3박 4일 동안 모든 신분증과 소지품을 북한 파트너에게 맡기고 그들의 관리하에 지내게 된다는 사실에 순간 무력감이 들었다. 세관을 통과해 공항 밖으로 나오니, 북한 파트너 두 명이 우리를 기다리고 있었다. 다른 일행들은 이미 여러 번 그들과 교류한 덕분에 친근한 인사를 나누었지만, 처음 만나는 나는 이들과 어색한 인사를 마치고 출장 기간 동안 이동 수단이 될 현대 카운티 25인승 미니버스에 탑승했다.

우리의 숙소는 언제나 양각도 국제호텔이었다. 호텔로 가는 길에 창밖으로 보이는 북한의 풍경은 항상 묘한 감정에 휩싸이게 했다. 도로를 오가는 차량, 길가의 사람들, 오래된 건물들과 잔잔

한 호수… 모든 것이 내 시선을 사로잡았다. 하지만 확실하게 느껴지는 것은 묘하게 어두운 긴장감이었다. 매번 출장에서 돌아와 인천공항에 비행기가 착륙할 때, 그때서야 나도 모르게 가슴 한구석이 뻥 뚫리는 기분을 느꼈다.

호텔로 가던 중, 예상치 못하게 만수대 언덕의 지도자 동상 앞에 차가 멈췄다. 그 누구도 출국 전 이런 일정에 대해 이야기해 주지 않았다. 눈앞에 우뚝 선 두 개의 큰 동상은 압도적인 위용으로 모두의 시선을 끌었다. 본부장님은 긴장하지 말라며, 평양에 도착하는 외국인은 모두 이곳에서 예를 갖춘다고 했다. '참배할 때 고개를 약간 숙이면 된다.'라고 조언했지만, 마음은 복잡하고 갈등이 치밀었다. 마음이 무거운 가운데 모두 늘어섰고, 북한 파트너의 구호에 따라 간단한 참배의 동작을 취했다. 나는 고개를 숙이기보다 잠시 눈을 감았다. 순간 여러 생각들이 스치고 지나갔다.

그렇게 낯선 감정과 긴장감을 짊어진 채 3박 4일의 첫 북한 출장을 마쳤다. 그리고 왜 앞선 팀장들이 3개월을 못 버티고 떠났는지 이제는 조금 이해할 수 있었다. 이건 다녀온 사람만이 알 수 있는 기분이라 쉽게 설명할 수도 없는, 묘하고 복합적인 감정이었다. 이런 출장을, 나는 앞으로도 13번이나 더 다녀오게 될 줄 그때는 상상조차 못 했다. 서울에서 평양까지의 거리는 약 195km, 차로 2~3시간 거리다. 그러나 하루가 다 걸려 도착하면서 남북이 처한 심리적인 거리를 뼈저리게 느꼈다.

평양 양각도 국제호텔
(2008년 5월)

4

북한 사업의 딜레마

나와 함께 북한 사업을 한 실무자들은 흔히 '북한 사업의 2세대'라 불린다. 동시대에 북한 사업 팀장으로 일한 다른 기관의 동료들도 나와 비슷한 또래였고, NGO에 입문한 시기도 비슷했다. 우리는 한때 X세대라 불렸다. 일반적으로 X세대는 서태지와 아이들이 데뷔했던 1992년에 10대였던 이들, 대략 1974년에서 1984년생까지를 일컫는다. 우리는 한강의 기적으로 일컬어지는 고도성장기의 수혜자들로, IMF 외환위기 이전에 청소년기를 보내고 20대에 정치, 경제, 사회, 문화적 풍요를 동시에 경험한 첫 세대였다. 그리고 아날로그와 디지털 시대를 동시에 겪은 유일한 세대이기도 했다. 90년대 당시 X세대를 대표하는 스타들이 다소 '자유분방하고 나만의 스타일을 고수하는 신세대'로 여겨졌던 영향일까? 북한 사업을 하는 우리 2세대들은 1세대 선배들과는 여러 면에서 관점의 차이가 있었고, 그로 인해 크고 작은 갈등을 겪기도 했다.

　나 또한 그 당시 선배들과 이러한 차이로 조금 어려운 상황에 놓이곤 했다. 가장 어려웠던 점은 북한을 어떤 관점으로 볼 것인가에 대한 문제였다. 북한 사업의 1세대 선배들은 '같은 민족'이라는 동포애적 차원에서 지원의 당위성을 찾았다. 북한이 우리의 민족이기에 당연히 지원해야 한다는 민족적 동기가 앞섰다. 나도 선배들의 관점에 어느 정도 동의하며, 북한을 동포애의 관점에서 지원하고, 이를 통일을 위한 준비 과정으로 볼 수 있다고 생각했다. 하지만 이러한 접근 방식은 사업 기획, 수행, 모니터링과 후속 사업 준비 등에 실무적인 어려움을 주었다. 사업 현장 모니터링이나 완결성 있는 보고서를 요청하기가 쉽지 않았다. 기존에는 세부적 모니터링보다는 한민족이라는 믿음 아래 북한의 요구를 수용하는 식으로 신뢰를 쌓아왔다고 했다. 그 결과 사업 주도권은 북한에 있고, 우리 대북 협력 민간단체들은 어떻게든 사업을 이어가기 위해 북한의 요청을 거절할 수 없게 되는 상황에 놓이게 되었다.

　이러한 방식을 우리 2세대들은 받아들이기 힘들었다. 우리는 북한을 '동포애'의 관점이 아니라, 모든 인간이 기본적인 생활을 누려야 한다는 '보편적 인권'의 관점으로 바라보았고, 인도적 지원, 보건의료 사업, 영양급식 사업도 이러한 기준에 기반해 진행하기를 원했다. 이에 북한에서도 1세대와 달라진 우리의 태도를 불편하게 느끼며 어려움을 표하기도 했다. 나 역시 북한 파트너에게 더욱 세부적인 모니터링 보고서와 실사를 요청한 적이 많았고, 북한 파트너는 그동안 당연시하던 요청들이 받아들여지지 않는 상황에 불편함을 느끼곤 했다.

이러한 대내외적인 어려움 속에서도 우리는 북한 주민들의 안녕을 위해 치열하게 고민하며 사업에 임했다. 그러나 2009년, 이른바 '5·24 조치'로 북한 관련 사업들이 모두 중단되면서, 북한 사업 2세대들은 아프리카, 아시아 등 국제개발협력 현장으로 떠나야 했다. 긴 공백기 후 북한 사업이 재개되며 이제는 새로운 세대들이 2세대가 걸었던 길을 이어가고 있다. 최근에 만난 이들, 즉 3세대들은 또 다른 관점의 차이를 보여주었다. 3세대들은 북한을 동포애나 인도적 접근이 아니라, 유엔의 지속가능발전목표 (SDG$^{\text{Sustainable Development Goals}}$)를 달성하기 위한 공동의 대상으로 접근하고 있었다.

북한 사업에 대한 접근 방식은 어떤 것이 옳다 단정 짓기 어렵다. 각 세대가 처한 상황과 배경이 다르기에, 1세대는 그들만의 전략이 있었고, 2세대는 또 다른 전략과 방식을 세웠으며, 3세대는 그들의 방식으로 북한 사업을 바라보고 있다. 어떤 접근 방식이든 중요한 것은 북한의 진정한 변화가 아닐까 생각한다.

⑤ 우리는 어디에도 존재하지 않는 사람

　북한사업팀장으로 일하며 안팎으로 겪는 어려움은 한둘이 아니었다. 내부적으로는 직원들 사이에서 북한 지원에 대한 지지도가 높지 않았고, 이는 북한을 바라보는 시각의 차이와 다양한 정치적 배경 때문이었다. 더욱이 사업의 주도권이 대부분 북한에 있어, 우리가 원하는 방식대로 사업을 기획하거나 지역을 선택하고, 철저한 모니터링을 수행하기가 어려웠다. 남북 관계의 정치적 환경과 언론에서 나오는 자극적인 기사들은 이러한 내부의 소극적 지지 분위기를 더욱 고착화시켰다. 더욱이 재단에서 북한 사업의 비전을 제시하셨던 회장님이 병환으로 재단에 복귀하지 못하게 되면서 내부의 지지는 점점 약해졌다. 우리 팀원들은 확고한 지지 기반이 없는 상황에서 정서적으로 힘든 시기를 보냈다. 이를 해결하기 위해 우리는 북한 사업의 정의와 방향에 대해 깊이 논의하고,

사업의 이유를 찾는 과정을 거쳤다. 우리는 관련 서적과 해외 사례를 연구하며 왜 북한 사업을 해야 하는지, 우리 사업의 핵심 가치는 무엇인지, 방향과 비전은 어디에 있는지를 정리해 나갔다.

출장을 가면 북한 파트너들로부터 각종 요청이 쇄도했는데, 나는 그 요청을 일일이 다 수용할 수는 없었다. 물론 사업과 관련된 요청도 있었지만, 사업 외의 부담스러운 요청도 적지 않았고, 팀장으로서 이를 적절히 거절하는 지혜가 필요했다. 또한 실행할 수 없는 약속을 하지 않는 것이 중요했다. 이는 신뢰의 문제일 뿐만 아니라, 북한 파트너들에게도 어려움을 더하는 일이었기 때문이다. 나의 이런 태도에 북한 파트너들은 "다른 기관은 이런 요청을 잘 들어주는데, 재단은 너무 인색하다"라며 아쉬움을 토로하기도 했다. 이는 재단이 초기부터 북한의 요구에 쉽게 응하지 않으면서 형성된 입장이었다. 당시 주위에서 "북한사업을 하려면 조금 유연한 자세가 필요하다. 가끔은 북한 요청을 수용하며 그들의 신뢰를 얻어야 한다"라고 조언했지만, 나는 여전히 기존의 관행을 따르지 못하는 팀장이었다. 어느 날은 북한 파트너로부터 "이 팀장은 북한사업팀장으로 어울리지 않는다"라는 말까지 들었고, 그로 인해 스스로 많은 고민이 있었던 날도 있었다.

북한에서 여러 어려움을 뒤로하고 한국으로 돌아오면, 또 다른 낯선 시간이 기다리고 있었다. 국정원에서 방문하거나 전화를 걸어와 북한에서 무슨 일을 했는지 하나하나 묻곤 했다. 그 질문들은 때로, 내가 무언가 수상한 일을 한 것은 아닌지 의심하는 듯한 뉘앙스를 풍기기도 했다. 북한에서는 파트너들로부터 끊임없는 확인과 추궁을 받았고, 한국에 돌아오면 정보기관의 날카로운 시선 속에서 또 다른 해명을 해야 했다. 그 어느 곳에도 온전히 속하지 못한 채, 경계 어딘가에 떠 있는 사람처럼 느껴졌다. 그때 나는 처음으로, '소속되지 못한 존재'라는 말이 어떤 감정인지 몸으로 이해하게 되었다.

한국에 있을 때는 비우호적인 정치 환경과 언론의 부정적 보도, 내부 직원들의 부족한 지지가 우리 팀을 힘들게 했다. 북한에서는 타 기관과 다른 사업 방침을 고수하는 나를 향한 북측의 불만, 사업 주도권의 부재 등이 때때로 자괴감을 불러일으켰다. 그 당시 함께 어려움을 견디며 북한 사업을 이어간 팀원들에게 지금도 미안함과 고마움을 느낀다.

6

고려항공 비즈니스석을 경험하다

　북한 영유아 지원사업의 일환으로 재단은 평양에서 차로 2시간가량 떨어진 남포특별시 대안군에서 2007년부터 산모 병원을 개보수하는 사업을 진행했다. 평양과 달리 지방의 상황은 우리가 예상했던 것보다 훨씬 심각했다. 산모들을 위한 병원임에도 불구하고 시설과 장비는 심각하게 낙후되어 있었고, 의료 기구 역시 거의 없는 실정이었다. 우리는 이 병원을 개보수하고 의료 장비를 지원하기로 했다. 이를 위해 여러 차례 병원을 방문하고, 남측의 건축 기술자들과 함께 방북하여 북측 기술자들과 협력하는 방식을 택했다. 남북의 기술자들이 함께 일한다는 것이 쉽지 않을 거라 예상은 했지만, 이러한 과정을 통해 한반도 정세의 단면이 남북 기술자들 사이에서도 드러날 줄은 미처 상상하지 못했다. 예를 들어, 남측 건축 용어는 대부분 일본어와 영어 기반이었지만, 북측 기술자들은 러시아어 기반의 용어를 사용하고 있었다. 서로의 용어를 맞추어 가며 협의하는 것이 매번 큰 숙제였다.

이러한 난관에도 불구하고, 대안군 병원에 대한 지원 필요성은 컸고, 사업은 점차 활발하게 진행되었다. 2009년에는 한 달에 한 번씩 북한에 출장을 갈 정도로 속도가 붙었다. 지붕과 바닥 보수를 위해 필요한 자재는 인천항에서 남포항으로 운송해 사용했다. 2009년 5월, 남측 기술자와 함께 다시 대안군을 방문해 진행 상황을 점검했고, 협의를 마치고 평양으로 돌아오던 길에 뜻밖의 일이 벌어졌다. 북한 파트너가 다음 날 떠날 수 있도록 일정 조정을 요청한 것이다. 원래 출장 일정은 3박 4일이었고, 아직 둘째 날이었기에 하루 일찍 떠나야 한다는 말에 우리는 당황했다. 돌아가는 비행기 티켓이 없다며 어떻게 귀국하냐고 묻자, 어떻게든 항공권을 마련할 테니 내일 귀국 준비를 하라고 했다. 출장 일행은 정확한 이유도 모른 채 호텔로 돌아와 한국행 짐을 챙기고 잠자리에 들었다.

다음 날 아침, 우리는 호텔 로비에서 북한 파트너를 기다렸다. 곧 도착한 그는 환한 얼굴로 "고려항공 좌석을 마련했으니 걱정하지 말고 떠나시라"며 우리에게 일반석이 아닌 비즈니스석을 제공했다. 예상치 못한 일이라 추가 비용이 걱정되어 일반석으로 해달라고 요청했으나, 그는 추가 비용을 청구하지 않겠다며 한사코 비즈니스석으로 가라고 했다. 북한에서 남한 사람에게 비즈니스석을 제공하며 떠나라는 일이 흔하지 않았기에, 나는 이유가 몹시 궁금했다. 다시 왜 이렇게 서둘러야 하냐고 묻자, 북한 파트너는 이유는 묻지 말고 일단 출발하라는 말만 반복했다. 기분이 조금 찜찜했지만, 어쩔 수 없이 평양 순안공항으로 이동해 맡겨두었던 여권과 휴대전화, 비행기표를 받고 평양을 떠났다. 베이징을 거쳐 한국으로 가는 여정이었다. 비행기에 오르기 전, 공항 청사 유리창 너머에서 우리를 향해 손을 흔드는 북한 파트너가 보였다. 나도 그에게 손을 흔들며 속으로는 '다음 달에 또 만나요'라고 인사했다. 하지만, 그날이 내가 평양을 마지막으로 방문한 날이 될 줄은 그때는 전혀 알지 못했다.

남포특별시 대안군
인민병원 방문
(2009년 5월)

⑦ 베이징 디탄 병원에서의 생활

2009년 5월 15일 금요일, 평양 순안공항을 출발한 고려항공 비행기는 압록강 상공을 지나고 있었다. 우리 일행은 고려항공 비즈니스석을 처음 경험하며 들떠 있었지만, 나는 출장의 긴장이 풀리자 갑자기 몸에서 식은땀이 나고 추워지기 시작했다. 평소와 다른 극심한 통증에 비행 내내 빨리 한국에 도착해 병원에 가야겠다는 생각뿐이었다. 비행기는 베이징 공항에 도착했고, 공항 검역소를 지나면서 자동 열 센서 앞에 섰을 때, 화면에 내 체온이 뜨거운 빨간색으로 표시되는 것을 보고 나는 뭔가 심상치 않다는 것을 직감했다. 함께 간 팀원에게 각종 서류를 전해주며, "나는 한국에 못 들어갈지도 모르니, 다른 분들과 함께 귀국하라"고 말했다. 후배 팀원이 "같이 가셔야죠."라며 말렸지만, 그럴 상황이 아님을 나도 알고 있었다. 아니나 다를까, 열 센서를 지켜보던 중국 검역 직원이 나를 다른 방으로 안내했고, 나는 동료들이 한국행 비행기를 타러 떠나는 모습을 지켜보며 그들과 이별해야 했다.

검역관이 안내한 방에는 북한에서 온 승객들로 북새통을 이루고 있었고, 신종인플루엔자 의심 환자들이 모여 있었다. 당시 신종인플루엔자가 전 세계적으로 확산하면서 각국이 감염 의심자를 입국시키지 않고 해당 국가에서 격리 치료하도록 합의한 상태였다. 나 역시 의심 환자로 분류되어 한국행이 불가능했고, 중국 병원에서 치료를 받게 되었다.

검사를 마친 후 나는 구급차에 실렸다. 열이 심해 정신이 몽롱한 와중에도 혹시 어딘가로 끌려가 잘못되는 건 아닐까 하는 걱정이 들었다. 한참을 달려 도착한 곳은 베이징의 디탄 병원이었다. 병원에 도착하자마자 몇 가지 검사를 받고 1인실에 배정되었는데, 간호사는 간단한 병실 안내와 함께 식사 메뉴를 설명해 주었다. 나는 설명을 제대로 이해하지도 못한 채 그저 빨리 눕고 싶은 마음에 연신 "오케이"라고만 했다.

침대에 누워 몸을 가누지 못할 만큼 아팠다. 열이 너무 높아 뼛속까지 욱신거리는 고통을 느끼며, 입고 온 옷을 입고 그대로 잠들었다. 잠들기 전, 나는 기도했다. "하나님, 저에게 주어진 사명이 여기까지라면 내일 천국에서 빛을 보게 해주시고, 아직 할 일이 남아 있다면 다시 일어날 힘을 주세요."

다음 날 아침, 눈을 뜨니 찬란한 햇빛이 비쳐 들었다. 순간 여기가 천국인가 싶었지만, 여전히 병실이었다. 어제보다는 혼자 일어날 수 있을 정도로 나아져 있었다. 거울을 보니 양복을 입은 채 머리는 헝클어지고 얼굴은 푸석푸석해져 웃음이 나왔다. 그래도 움직일 수 있음에 감사하며 세면을 하고 옷을 갈아입었다. 이후에 간호사가 들어와 체온을 재었는데, 어제 41도였던 체온이 39도로 내려갔다며 다행이라는 표정을 지었다. 이틀째 되는 날을 그렇게 39도 상태로 보내고, 셋째 날 아침이 되자 체온이 37도로 떨어져 몸 상태도 꽤 호전되었다.

그날은 밥을 먹고 싶어 간호사가 "Chinese food or Western food? 중국 음식과 서양 음식 중 어떤 걸로 드릴까요?"라고 묻자 서양식을 주문했다. 중국 음식의 향신료가 입에 맞지 않아 선택한 것이었는데, 식사가 도착하는 과정이 조금 독특했다. 간호사가 음식을 직접 가져다주지 않고 병실과 간호실 사이 유리벽이 있는 통로를 통해 전달되었다. 먼저 유리문을 열고 음식을 넣으면 내가 그 문을 열어 음식을 가져가는 방식이었다. 감염 예방을 위한 조치라고는 이해했지만, 식사를 이렇게 받는 것이 약간은 씁쓸했다. 사흘 동안 아무것도 먹지 못한 탓에 배가 고파 서둘러 음식을 열어보았으나, 강한 향신료 냄새가 올라오자 그대로 뚜껑을 덮고 다시 침대에 누웠다.

8

북한에서 돌아오지 않는 이

2009년 5월, 우리는 몇 달간 중단되었던 방북 승인을 받은 드문 사례로 북한에 가게 되었다. 통일부는 남북 간 정치적 상황을 고려해 방북을 선별적으로 허용하고 있었고, 특별한 문제가 없다고 판단된 우리 출장에는 최종 승인이 내려졌다. 오랜만에 방북이 허가되어 다른 기관들의 부러운 시선을 받으며 평양으로 향했고, 통일부 역시 출장 일정이 순조롭게 진행되길 바라는 듯했다. 하지만 예상치 못한 일이 발생했다. 나는 출장 중 병을 얻어 중국에 발이 묶였고, 북한에 다녀간 사람 중 한국에 돌아오지 않은 한 명이 있다는 사실에 통일부는 당황했다.

셋째 날, 정신이 조금 든 나는 통일부에 전화를 걸었다. 담당자는 내 이름이 중국 정부가 통보한 리스트에 있는 걸 이미 알고 있었지만, 여전히 내 상황을 걱정하며 내가 머무는 곳에 대해 구체적으로 물었다. 담당자는 무사히 지내다가 건강히 귀국하기를 바란다며 안도의 말을 남기고 전화를 끊었다. 얼마 후에는 주중 한국대사관 담당자에게서도 연락이 왔다. 담당자는 전반적인 상황을 확인하고 불편한 점이 없는지 물었다. 나는 음식을 먹기 너무 힘들다고 말했지만, 대사관 측도 그 문제는 도울 방법이 없다며 "스스로 잘 견뎌야 한다."라는 답변을 남기고 전화를 마쳤다.

신종인플루엔자 바이러스는 약 일주일 동안 활동한다고 한다. 그래서 의심 환자로 분류되어 입원하면 최소 일주일은 병원에 머물러야 했다. 뜻밖의 시련이었다. 1인실에서 일주일간 차츰 회복하리라 생각했지만, 셋째 날 37도까지 체온이 내려가면서 상태가 급속히 좋아졌다. 완쾌되고 나니 홀로 1인실에 갇혀 있는 것이 얼마나 힘든 일인지 새삼 깨달았다. 하루 종일 이야기할 사람도, 바깥으로 나갈 수도 없었고, 외부와의 연락은 차단되었다. 음식은 여전히 입에 맞지 않았고, 햇빛은 아침 잠깐뿐. 모든 것이 통제된 생활은 나를 우울하게 했다. 남은 4일을 여기서 보낸다는 사실이 더 아득하게 느껴졌다.

그러다 문득 영화 〈터미네이터〉의 한 장면이 떠올랐다. 존 코너의 어머니 사라 코너가 감금 중 탈출을 계획하며 몸을 단련하는 모습이었다. 그래, 나도 뭔가 해야 했다. 이대로 있으면 우울함이 더 짙어질 것 같았다. 아침에 간단히 식사를 하고, 좁은 공간에서 할 수 있는 운동을 시작했다. 제자리뛰기, 스쿼트, 팔굽혀펴기, 복근 운동, 스트레칭, 침대와 의자를 활용한 운동까지 총동원했다. 덤벨 대신 의자 두 개를 들고 어깨 운동까지 하며 기합 소리를 내다 보니, 밖에까지 들렸는지 간호사가 유리창 너머로 보면서 인터폰으로 말했다. "Mr. Lee, please stop and be quiet. 조용히 하세요." 영어를 모르는 척하며 "간호사님, 무슨 말씀인지 모르겠는데요"라며 운동을 계속했다. 시끄럽게 하면 오히려 빨리 내보내 주지 않을까 하는 마음도 있었다.

　그렇게 오전을 운동으로 보내고, 오후에는 병실에 비치된 영어 성경을 읽기 시작했다. 사회주의 국가임에도 병실에 영어 성경이 있다는 것이 신기했다. 문제는 밤이었다. 낮과 밤의 분위기는 확연히 달랐고, 밤이 되면서 걱정과 불안이 밀려들었다. 좁은 병실에서 할 수 있는 일이 적었고, 잠을 청하려 해도 쉽게 잠들지 못했다. 어느 날, 특히 어둡고 비까지 오는 저녁, 좁은 병실 생활 5일째 되던 날이었다. 갑갑한 상황에다 쏟아지는 빗소리에 마음은 점점 무거워졌다. 마음의 짐이 더는 무거워지지 않도록, 무의식적으로 한 곡조가 흘러나왔다.

　　내 영혼이 은총 입어 중한 죄짐 벗고 보니
　　슬픔 많은 이 세상도 천국으로 화하도다

　평소 부모님이 자주 부르시던 찬송가였다. 비 내리는 병원 안에서 나도 모르게 그 찬송가를 부르기 시작했다. 원래도 노래를 좋아하고 목소리가 큰 편이었기에, 그날따라 찬송가는 병원 벽을 넘어 더 멀리 울려 퍼지는 것 같았다. 첫 절을 부르고 나니 인터폰 벨이 울렸다. 그러나 신경 쓰지 않고 2절을 이어갔다. 그 순간, 마치 영화 〈쇼생크 탈출〉의 한 장면이 떠올랐다. 주인공 앤디가 교도관의 방을 잠그고 오페라 〈피가로의 결혼〉 중 「부드러운 저녁 산들바람이Che Soave Zeffiretto」를 틀었을 때, 교도관과 죄수들은 마치 천상의 음악을 듣는 듯 멍하니 귀를 기울인다. 무겁고 암울했던 교도소가 그 음악 하나로 찰나의 환상적인 공간으로 바뀌던 장면이었다. 나 또한 그때의 감정과 비슷한 심정으로 찬송을 불렀다. 이곳 병원에도 여러 환자가 머물고 있었다. 어떤 이유로 이곳에 왔든, 지금 우리에게 필요한 것은 단지 치료가 아니라, 마음을 치유하는 시간이 아닐지 생각했다. 〈쇼생크 탈출〉에서 앤디의 탈옥을 돕고 함께 말년을 행복하게 보내는 동료 엘리스의 대사가 불현듯 떠올랐다.

나는 그때도 지금도 두 이탈리아 여자가 무엇을 노래했는지 모른다. 사실 알고 싶지도 않았다. 때로는 말하지 않는 것이 최선인 경우도 있는 법이다. 노래가 말로 표현할 수 없을 정도로 아름다웠다. 그래서 가끔은 가슴이 아팠다. 이렇게 비천한 곳에서 상상도 할 수 없는 높고 먼 곳으로부터 새 한 마리가 날아와 우리가 갇혀 있는 삭막한 세상의 담벼락을 무너뜨리는 것 같았다. 그 짧은 순간, 쇼생크에 있는 우리는 모두 자유를 느꼈다

- 영화 〈쇼생크 탈출〉 대사 중에서

3절까지 부르고, 마치 오페라의 마지막 솔로를 마친 성악가처럼 손을 들며 멋지게 마무리했다. 그제야 인터폰 벨이 다시 울렸고, 수화기 너머로 간호사의 다급한 목소리가 들렸다. "Mr. Lee, You can't sing now! 지금 노래하시면 안됩니다!" 속으로 '모를 리 있나' 생각하면서도, "I know, I know. I'm sorry. Good night. 네, 네, 알겠습니다. 죄송합니다. 안녕히 주무세요."라고 연신 대답했다. 사실 그 밤에 부른 찬송가가 병원에서는 소음으로 들렸을지도 모르고, 자칫 '어글리 코리안이'라는 오해를 받았을 수도 있다. 하지만 그 찬송가가 나처럼 갇혀 있는 다른 환자들에게도 잠시나마 자유를 느끼게 해주지 않았을까 생각해 본다.

그렇게 한바탕 소란을 피우고 나니, 마음이 한결 맑아졌고 삶에 대한 새로운 희망이 피어오르는 것 같았다. 다음 날 아침, 병원 관계자들이 내 병실로 여섯 명이나 모여들었다. 어젯밤의 소동에 대한 벌이라도 받으려는 건가 싶었는데, 뜻밖에도 오후에 퇴원 준비를 하라며 꽃다발을 건네주었다. 신종인플루엔자 보균자가 아니라는 증명서도 함께였다. 짐을 정리하고 병원을 나서는데, 밖의 햇살이 어찌나 밝고 공기는 어찌나 상쾌하던지, 그날 비로소 진정

한 자유를 만끽하며 귀국행 비행기에 몸을 실었다. 지금도 H1N1 이라는 신종플루 바이러스 번호를 기억하는 걸 보면, 당시의 경험은 아직도 내게 선명하게 남아 있는 것 같다.

평양 순안공항
마지막 평양 출장에서
돌아오는 길
(2009년 5월)

⑨

동포애, 믿음, 술

북한 업무를 맡으면서 나에게 큰 도전 중 하나는 바로 이 술이었다. 주위 선배들은 북한 사업을 하려면 술을 마셔야 한다며 권했고, 북한 사업을 오래 해온 타 기관의 선배들은 술을 얼마나 잘 마시는지 이야기하며 가끔 무용담을 늘어 놓곤 했다.

북한 첫 출장에서부터 술은 빠지지 않았다. 아침을 제외한 모든 식사 자리에 술이 함께했고, 북한 파트너들은 매번 술을 권했다. 한 번 거절해도 끝까지 권유하던 분위기 속에서 혼자만 술을 마시지 않기는 결코 쉬운 일이 아니었다. 그런데도 나는 술을 경계해야 한다고 느꼈다. 술이 어색한 분위기를 부드럽게 만드는 역할을 하기는 했지만, 방심으로 인한 실수는 사업에 어려움을 초래할 수도 있기 때문이었다. 북한에서는 단어 하나, 제스처 하나까지 신중해야 하고, 조금의 오해도 생기지 않도록 행동해야 한다.

그래서인지 한국에 돌아올 때면 몸과 마음의 긴장이 풀리는 것을 느낄 수 있었다.

몇 번이고 술을 거절하는 나를 보며 북한 파트너들은 "술도 안 마시면서 어떻게 북남 협력 사업을 할 수 있느냐"라고 묻거나, "다음에는 술을 마시는 팀장이 왔으면 좋겠다"라는 말도 서슴지 않았다. 하지만 나는 그들의 신뢰를 쌓으며 사업을 해나가는 것이 가장 중요하다고 생각했다. 술을 마셔서 일이 더 잘 풀린다면 얼마든지 마실 수 있겠지만, 그보다는 신뢰와 약속이 더 소중했다. 북한 사업에서 중요한 것은 할 수 없는 것을 할 수 있는 것처럼 말해 그들을 혼란스럽게 하는 것이 아니라, 할 수 있는 것과 없는 것을 분명히 알려주는 것이었다. 그런 마음을 북한 파트너들도 점차 이해했는지, 몇 차례 출장 후에는 더 이상 술을 권하지 않았다. 지금도 그때 함께 일했던 북한 파트너가 잘 지내고 있을지 문득문득 생각난다. 그가 어디에 있든 건강하길, 가족들이 무탈하길 기도한다.

⑩

우리의 한계
그리고 국제백신연구소

2010년 3월 26일 천안함 피격 사건 이후, 우리 정부는 북한을 대상으로 한 대북 제재 조치인 5·24 조치를 시행했다. 이는 북한 선박의 남측 해역 운항 전면 금지, 남북 교역 중단, 국민 방북 불허, 대북 신규 투자 금지, 대북 지원사업의 원칙적 보류를 주요 내용으로 하는 조치였다. 방북과 북한 사업 자체가 중단되면서 우리에게는 사실상 사업 활동 중단을 의미하는 '사형선고'나 다름없었다.

당시 우리는 대안군 병원 개보수 등 여러 공사를 진행하고 있었으나 모두 중단되었다. 건축은 시기와 자재 공급이 맞아야 진행될 수 있는데, 우리는 하염없이 정부의 물자 반출 승인을 기다려야만 했다. 우리도 어떻게든 자재를 북으로 보내는 방법을 찾아보았지만, 정부 승인이 없는 상태에서 가능한 방법은 없었다. 결국 시간이 흐르면서 북측은 더 이상 공사를 방치할 수 없어 자체적으로 마무리했다. 이는 북한 사업의 취약한 요소를 보여주는 사례였다.

북한 사업에서 가장 어려운 것은 바로 모니터링이었다. 지원한 물자에 대해 면밀한 관리가 필요했지만, 한국 국적을 가진 우리는 평양 외 지역으로는 제한적으로 나갈 수 있고, 대부분 모니터링은 평양 내 식당에서 북한 파트너들의 구두로 이루어졌다. 받을 수 있는 서류는 그저 인수증 한 장이었고, 이를 문제 삼으면 "예전부터 다 그렇게 해왔는데, 왜 이제 와서 다른 소리를 하느냐"라는 반응이 돌아왔다. 평양 외 지역으로는 한국 국적자가 갈 수 있는 경우는 극히 제한되기 때문에 사업 지역으로 직접 가는 것 자체가 불가능했다.

이와 같은 고민을 하던 중 2009년, 재단 이사로 재직하시던 신승일 이사님께서 국제백신연구소International Vaccine Institute와 함께 북한에 일본뇌염 모기 예방 백신을 지원하자는 제안을 하셨다. 사업의 필요성과 영향력을 고려할 때 너무나 시급하고 중요한 일이었기에 우리는 곧바로 국제백신연구소와 협력해 사업을 시작했다. 사업 준비를 위해 북한에 들어간 국제백신연구소 팀은 각 지방 의료 시설을 방문해 백신 저장 시설 유무, 의료진 역량, 보건 교육 상태 등을 점검했다. 나는 한국 국적이라는 이유로 현장에 가지 못했으나 서울 사무실에서 북한 현지 활동을 지원했다.

이후 북한에서 백신 접종 사업이 본격적으로 시작되었고, 국제백신연구소가 북한 파트너로부터 받은 사업 진행 상황 엑셀 파일을 전달해 주었다. 그 파일을 열었을 때 나는 놀라움을 금치 못했다. 각 군과 마을로 구분된 접종 완료 현황, 백신 보유 상태, 앞으로의 접종 계획 등이 정교하게 기록되어 있었기 때문이다. 이전에 밀가루를 지원했을 때는 단 한 장의 인수증이 전부였고, 이후에도 직접 확인할 방법이 거의 없었다. 그러나 국제백신연구소가 사업을 진행하자 북한 내 여러 지역을 자유롭게 다니며 정확한 현황을 파악할 수 있었고, 북한 측의 데이터 제공 수준 또한 차원이 달랐다. 이 경험을 통해 북한 사업은 한국 단체가 직접 추진하는 것보다 국제백신연구소와 같은 기관을 통한 간접 지원이 더 효과적이라는 결론에 이르게 되었다.

일본뇌염 모기 백신
지원사업 북한 보건소
홍보 포스터

일본뇌염 모기 백신
예방접종
(강원도 원산시,
2010년 6월)

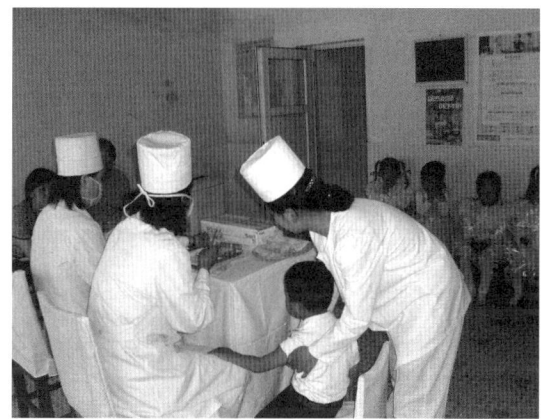

… ⑪

불과 33*km*

    2010년 3월 26일, 백령도 근처 해상에서 한국의 초계함이 침몰하는 사건이 발생했다. 북한의 공격으로 발생한, 우리가 흔히 '천안함 피격 사건'으로 알고 있는 사건이다. 이날을 선명히 기억하는 이유는 바로 다음 날인 3월 27일이 나의 결혼식이었기 때문이다. 피격 소식이 전해진 직후, 군 작전 수행을 위해 결혼식에 참석할 수 없다는 연락을 친한 친구로부터 받았다. 나라 전체가 비통한 분위기 속에 결혼식을 치렀던 그날을 지금도 잊을 수 없다.

    천안함 사건 이후, 우리 정부는 대통령 행정명령으로 '5·24 대북 조치'를 발령했다. 이 조치로 북한 지원은 사실상 종료가 되었다. 이후 대북 협력 민간단체들의 노력으로 인도적 지원에 한해 제한적으로 이루어졌다. 하지만 5·24 조치 이전의 상황으로 돌아가기에는 많은 장애물이 있었다.

당시 우리는 평양에 북한어린이지원봉사센터를 건축 중이었고, 외관 석재 공사 단계에서 사업이 중단되었다. 공사를 완성하지 못한 채 방북이 중단된 상태에서 이 시설을 어떻게 처리할지 막막하기만 했다. 몇 년 뒤, 평양을 방문한 타 단체의 관계자로부터 북한이 이어 공사해 센터를 완공했고, 사용 중이라는 소식을 들었다. 하지만 안타깝게도 우리가 당초 계획했던 목적과 다소 다른 용도로 사용되고 있다는 것이었다. 정부의 5·24 조치는 북한 사업팀에게 크나큰 시련을 안겼고, 우리 재단의 대북 사업 방향은 큰 전환점을 맞았다.

2011년 남북 관계에 팽팽한 긴장감이 흐르던 시기, 정부는 '분배의 투명성'만 보장된다면 북한에 대한 밀가루 지원을 허용하겠다는 방침을 발표했다. 이를 계기로 몇몇 단체들이 사리원시에 밀가루를 지원하는 사업을 재개하게 되었다. 북한 어린이들을 위한 지원 활동을 다시 할 수 있게 되었다는 사실에 마음이 한결 가벼워졌다. 이번 지원은 평양이 아닌 개성 봉동역으로 직접 밀가루를 운반하는 과정으로 이루어졌다. 평양 출장과 달리 개성 출장은 더욱 세밀한 행정 절차와 차량 준비가 필요했다. 재단은 북한 어린이들에게 나눠줄 밀가루 150톤을 사리원으로 보내기로 결정하고, 밀가루 구매 및 운송 회사와의 계약을 마친 후 간략한 오리엔테이션도 진행했다.

2011년 8월 어느 날 아침, 드디어 개성으로 출발하는 날이 되었다. 아침을 먹으며 아내에게 오늘 개성에 가서 밀가루를 전달하고 오후에는 다시 일산으로 돌아올 예정이라고 전하고, 흰색 스타렉스를 몰고 집결 장소인 남측 남북출입사무소(CIQ^{Customs, Immigration, Quarantine})로 향했다. 도착해 보니 다른 지원 단체 관계자들과 개성공단으로 향하는 한국 기업체 관계자들이 방북 수속을 위해 분주하게 움직이고 있었다. 방북을 위한 모든 행정 절차를 마무리한 후, 잠시 남은 시간 동안 커피 한잔으로 긴장을 풀었다. 직접 운전하여 남측 남북출입사무소를 거쳐 군사분계선, 북측 남북출입사무소를 지나 개성 시내를 관통해 봉동역까지 가게 된다는 생각에 설렘과 묘한 긴장이 동시에 느껴졌다.

이제 남측 남북출입사무소에서 북으로 갈 모든 차량이 한 줄로 집결했다. 우리 일행의 선두는 내가 서고, 내 뒤로는 밀가루를 운반하는 트럭들이 줄지어 대기하고 있었다. 차량에는 인식표가 부착되어 있었고, 우리를 이끌 한국 헌병대의 지프차가 맨 앞에서 출발을 기다리고 있었다. 10시쯤 되자 모든 차량이 헌병대의 인도를 받아 북측을 향해 출발했다. 속도는 시속 20~30km로 느린 편이었고, 나는 마치 새로운 땅을 탐험하듯 보이는 모든 것을 하나하나 눈에 담아내고 있었다.

약 10분쯤 지났을까, 맨 앞에서 선두를 이끌던 한국 헌병 지프차가 갑자기 유턴하여 남측으로 돌아서고, 그 자리를 북한 군 지프차가 채웠다. 그곳이 바로 군사분계선이었다. 조금 전까지만 해도 낭만과 흥분이 교차하던 내 마음은 이제 '우리의 운명은 이 북한 지프차에 달려있구나' 하는 묘한 긴장감으로 바뀌었다. 그때 깨달았다. 감정이라는 것은 얼마나 변덕스러운 것인지. 똑같은 길을, 똑같은 차들이 달리고 있음에도 불구하고, 북한의 지프차가 앞에 서 있다는 이유만으로 전혀 다른 세상에 접어드는 기분이 들었다.

조금 더 달리자, 북측 남북출입사무소에 도착했다. 남측에서는 한국 군이 우리를 확인하고 차량 내부와 트렁크를 점검했지만, 이제 그 역할은 북한 군의 몫이었다. 절차는 똑같았지만, 전혀 다른 기분이 들었다. 나는 다시 한번 서류와 차량 내부를 점검했다. 앞선 차들이 검문을 받는 모습을 보며 시간이 꽤 걸리겠다는 생각이 들었다. 마침내 우리 차례가 되었고, 북한 군은 증명서를 확인하며 차량 내부와 밀가루 개수를 세밀하게 살폈다. 나는 그들에게 미소를 지어 보였지만, 별다른 반응은 없었다.

북측 남북출입사무소에서 모든 절차를 마친 후 차들은 개성공업지구로 이동했다. 우리도 그 대열에 합류해 앞으로 나아갔다. 개성공업지구에 도착하니 함께 이동한 기업체 차량들은 대부분 흩어지고, 이제 우리 일행만이 개성시 진입을 위해 계속 전진했다. 우리는 개성공업지구를 넘어 개성 시내로 들어가는 길이었다. 개성공업지구는 우리 정부의 지원으로 개발된 곳이라 진짜 개성을 경험하려면 그 너머로 가야 한다. 나는 흰색 스타렉스를 운전하며 천천히 개성 시내로 들어갔다. 어느새 길가에는 사람들이 눈에 들어오기 시작했다. 밀가루를 실은 차들이 신기했는지, 아니면 눈에 띄는 흰색 차량이 호기심을 끌었는지 연신 사람들의 시선이 우리에게 쏠렸다. 천천히 도로를 따라가며 학교, 사람들, 도로 위 차들을 바라보았다. 평양과는 사뭇 다른 풍경이었다. 눈에 들어오는 건물들, 그리고 그 사이사이 서 있는 사람들의 모습이 지금도 선명하게 기억에 남아 있다.

개성 봉동역에 도착해 트럭에서 밀가루를 모두 내렸다. 이곳 봉동역을 떠난 밀가루는 사리원시로 운반되어 아이들에게 전달된다. 사실 여기까지가 우리가 할 수 있는 모니터링의 전부였다. 밀가루를 개성으로 들여오기 위해 몇 달 동안 치렀던 수많은 과정이 떠올라 안도의 한숨이 나왔다.

점심 식사를 위해 이동하던 중, 북한 파트너가 선죽교에 들러보자는 제안을 했다. 그렇게 우리는 개성의 선죽교에 도착해 여러 장소를 둘러보았다. 선죽교의 모습은 마치 역사의 한 장면을 눈앞에서 펼쳐 보이는 듯했다. 일행들 모두 들뜬 마음으로 연신 사진을 찍었다. 점심으로는 북한 파트너들과 선죽교 옆에 있는 식당에서 토끼 고기를 먹었다. 이 점심이 북한 파트너와 함께한 마지막 식사가 될 줄은 당시에는 알지 못했다.

식사를 마친 후 북한 파트너와 작별 인사를 나눈 우리는 개성에서 나와 남측을 향해 돌아오는 길에 올랐다. 북한 남북출입사무소를 지나 군사분계선에 가까워졌을 때, 저 멀리서 한국 헌병의 지프차가 기다리고 있는 모습이 보였다. 그 순간 느껴진 안도감은 말로 표현할 수 없었다. 군사분계선을 넘고, 남측 남북출입사무소를 거쳐 한국 땅에 도착한 것이다.

그날 저녁, 아내와 일산 라페스타에서 저녁을 먹기로 약속이 되어 있어 서둘러 식당으로 향했다. 도착하니 저녁 6시 정도였고, 아내는 흥분된 목소리로 나를 맞았다. "오빠 괜찮아? 가족들이 얼마나 걱정했다고!" 나는 웃으며 "응, 난 괜찮아"라고 답했다. 알고 보니 그날 북한에서 동해안으로 미사일을 발사해 언론에서 대대적으로 보도했던 것이다. 그 시각 나는 선죽교를 구경하며 토끼고기를 태평하게 먹고 있었으니, 참으로 아이러니한 상황이었다.

아내와 식사를 마치고 집에 돌아와 잠자리에 들기 전, 묘한 생각이 들었다. 아침은 일산 집에서, 점심은 개성 선죽교 식당에서, 그리고 저녁은 다시 일산 라페스타에서 먹는 하루를 보냈으니 말이다. 개성에서 본 마을과 집, 사람들의 모습이 여전히 생생하게 떠올랐고, 지금 내가 있는 일산의 풍경과 겹쳐 보였다. 불과 33km 거리인데 이렇게 다른 세계가 펼쳐질 수 있다니 놀라웠다. 문득 오늘 봉동역에 두고 온 밀가루가 무사히 사리원시에 전해져 수해로 어려움을 겪고 있는 가정과 아이들에게 잘 전달될지 궁금한 생각이 이어졌다. 아마 이날 이후로 나는 식사할 때 가능하면 음식을 남기지 않으려 노력했던 것 같다. 내 두 발로 직접 북한 땅을 밟고 두 눈으로 그곳의 현실을 마주한 뒤로는, 얼마나 많은 사람들이 식량을 구하기 위해 힘들게 하루를 버티는지, 그리고 우리가 당연하게 여기는 식사가 그들에게는 어떤 의미일지 새삼 다가왔다. 이상하고도 깊은 여운이 남은 하루였다. 10년이 훌쩍 지난 지금도 그날의 기억은 선명하게 내 머릿속에 남아있다. 마치 한 장면 한 장면, 사진처럼 말이다.

북한 사리원시
밀가루 지원을 위해
남북출입사무소에
대기하는 모습
(2011년 8월)

⑫ 북한 사람을 마음에 품다

 자의든 타의든 북한 사업에 뛰어든 후, 여러 과정에서 슬픔과 연민, 분노, 갈등, 무기력의 감정이 뒤섞인 다섯 해가 흘렀다. 지금도 내가 왜 북한 사업을 하게 되었는지 정확히 알 수는 없지만, 한 가지 분명한 건 내 두 발로 그곳에 서서, 두 눈으로 직접 보고 온몸으로 북한을 알아갔다는 사실이다. 사업이 중단되고 무력감에 빠져 있을 때, 누군가는 "이제 좋은 경험이라 여기고 다른 일을 시작해"라고 말해주기도 했다.
 하지만 내가 온몸으로 경험한 북한을 단순히 하나의 좋은 경험으로만 남기기엔 그들의 현실이 절대 가볍지 않았다. 한국에서 매번 미디어를 통해 북한 소식을 접할 때마다, 그때 함께 일했던 북한 파트너들이 떠오르고, 그들과 그들의 가족들이 평안할지 궁금해진다. 여전히 새벽이면 북한 사람들을 위해 기도한다. 언젠가 그들과 평화로운 날을 맞이할 수 있기를 바라며, 오늘도 나에게 주어진 것에 감사하며 하루하루를 살아간다.

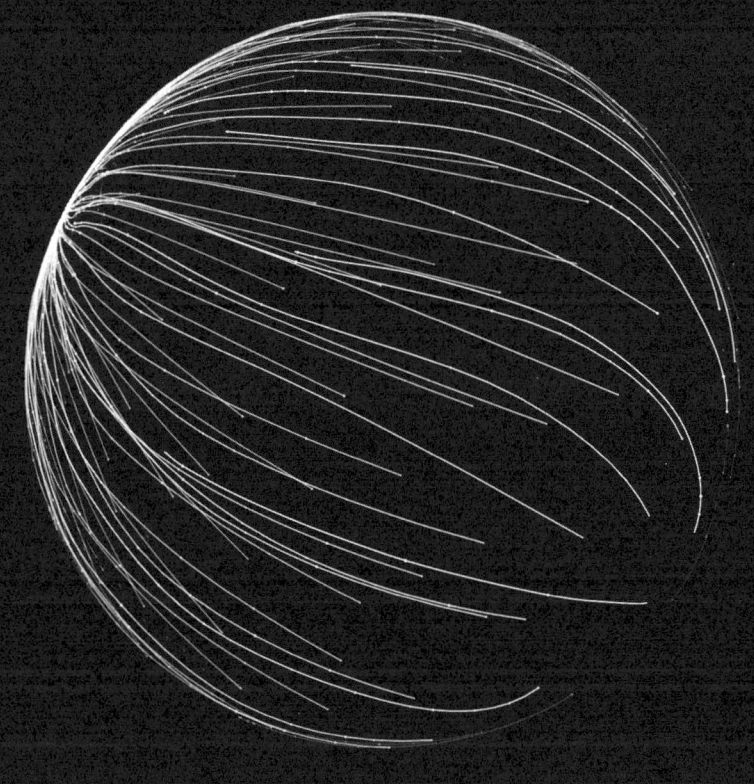

Part 3.

**국제개발협력의
길로 들어서다**

① 인생 멘토와의 만남 그리고 첫 국제회의

2012년 1월, 회장님의 업무를 지원하는 의전팀장으로 배치되었다. 처음 회장님을 뵙기 위해 방에 들어갔을 때, 단정히 차려입고 머리도 정리하고서 조심스럽게 들어섰다. 회장님은 고개를 돌려 나를 보시고는 자리에서 일어나 소파로 가셔서 앉으셨고, 나도 따라 앉았다. 권위적인 모습일 거라는 예상과 달리 따뜻한 인상과 친근한 말씀 덕분에 긴장했던 마음이 조금은 풀어졌다. 그때 만난 분이 초록우산 어린이재단의 9대 회장님이신 이제훈 회장님이셨다.

회장님이 부임하신 지 얼마 지나지 않아 전국 사업장을 방문하는 일정을 수립하고 동행하게 되었다. 제주도를 시작으로 전라도, 경상도, 충청도, 강원도, 경기도까지 50여 개의 지역 기관을 방문하면서 사업 현장을 직접 경험했다. 지난 수년 동안 재단과 함께하면서 다양한 도전과 배움을 통해 많은 성장의 기회를 얻었다. 특히 회장님을 보좌하며 사명감과 리더십을 직접 경험할 수 있었던 시간은 무엇과도 바꿀 수 없는 값진 자산이다. 더욱이 회장님이 2022년 7월 퇴임하시기 전까지 2014년을 제외하고 모든 국제회의에 함께 참여한 경험은 너무나 소중한 나의 일부로 남아 있다.

2012년 5월, 베를린에서 국제어린이재단연맹ChildFund Alliance 회의가 열렸다. 이 회의는 12개 국제어린이재단연맹 회원국의 회장, 이사회 회원, 사무국 직원들이 모여 국제연맹의 전략을 수립하고 각종 주요 의제를 논의하는 자리였다. 매년 5월과 11월에 열리는 이 회의에서 나는 국제연맹의 방향과 의제 설정에 참여하며 많은 배움을 얻을 수 있었다.

5월이 다가오자 사무국에서 다양한 회의 자료가 속속 도착하기 시작했다. 회의 장소, 호텔, 지역 정보와 같은 기본적인 사항부터 시작해 회의 안건, 발표 자료, 예산서, 사무총장 선임 건 등 엄청난 양의 파일이 쌓여갔다. 회장님을 모시고 참석하는 상황이라 전체적인 내용을 숙지할 필요가 있다고 느꼈다. 퇴근 후나 주말에도 파일을 읽고 이해하려 노력했으나 낯선 용어나 복잡한 구조 때문에 여전히 알기 어려운 부분이 많았다. 그러나 업무가 익숙해지고 경험이 쌓이면서 점차 자료를 파악하는 눈이 생겼고, 처음에는 이해가 가지 않던 것들이 점차 이해되기 시작했다. 2014년 회의를 제외하고는 모든 국제회의 업무를 담당하며 전 세계 여러 회장님과 이사님들과 네트워크를 쌓을 기회를 얻었다. 이 소중한 네트워크는 지금까지 내가 얻은 가장 큰 자산이라 할 수 있다.

국제어린이재단연맹
전략회의
(미국 뉴욕, 2017년 7월)

국제어린이재단연맹
회장단 및 이사진
(벨기에 브뤼셀, 2018년 5월)

2

베를린과 I'm Yours

　2012년 5월, 국제어린이재단연맹회의가 베를린에서 열렸다. 독일이 주최한 이 회의는 각국 회원국들이 향후 연맹의 전략을 논의하고 결정하는 중요한 자리였다. 회장님과 나, 그리고 김○○ 대리, 이렇게 세 명이 인천에서 출발하게 되었고, 나는 연맹 회의를 조금이라도 더 잘 이해하기 위해 자료를 여러 번 검토했다. 기내에서는 긴장을 풀 겸 와인 한 잔을 마시며 잠을 청하고 싶었지만, 사무실에서 미처 다 읽지 못한 서류들을 읽는 재미에 빠졌다.

　베를린에 도착한 우리는 호텔로 가는 길에 독일의 도시 풍경을 둘러보았다. 동서독 시절의 흔적이 여전히 남아 있어 동서가 다르다는 느낌이 곳곳에서 느껴졌다. 호텔에 도착했을 때는 강한 바람과 산발적인 비가 내리던 날씨라, 우리 일행은 몇 번이나 호텔 입구를 헤매며 돌아야 했다. 겨우 저녁 식사를 마치고, 다음 날

회의 준비를 위해 일찍 방으로 올라갔다.

　다음 날 아침, 호텔 식당에서 회장님을 만나 뷔페에서 음식을 접시에 담아 자리로 돌아갔다. 곧 회의 참석자들도 식당에 들어왔고, 회장님과 반갑게 인사를 나누었다. 그분들이 회장님께 진심으로 인사하며 존경을 표하는 모습이 인상적이었다. 식사를 마친 후, 회의장으로 가니 각국의 회장, 이사회, 사무국 직원들이 모여 있었다. 처음에는 모두가 낯설었지만 빠르게 인사를 나누며 서로를 알아갔다.

　회의는 아침 9시에 시작해 점심을 샌드위치로 해결하며 계속 이어졌다. 중간중간 커피 브레이크도 있었지만, 내 체감으로는 아침 9시부터 저녁 6시까지 한 번도 멈추지 않고 회의가 진행된 듯했다. 회의 분위기는 뜨겁고 열정적이었다. 논쟁이 벌어져 언성이 높아지기도 했지만, 회의가 끝나면 서로 웃으며 다시 친밀한 분위기로 돌아갔다. 다양한 영어 악센트를 이해하기 위해 고군분투하다 보면 오전에 이미 체력이 고갈된 것 같은 느낌이었지만, 그분들의 열정에 감탄하지 않을 수 없었다.

　둘째 날 회의를 마치고, 독일 측에서 공식 만찬을 준비해 주었다. 주최국마다 각자의 개성이 담긴 만찬을 준비하는데, 이번에는 피아노와 기타 연주가 있는 자유로운 분위기의 식당이었다. 나는 미국, 대만, 일본, 독일 직원들과 함께 자리하였다. 식사 중, 호주 회장님이 피아노가 있는 무대에 올라가 멋진 연주로 각국의 국가를 연주했다. 국가가 연주될 때면 해당 국가 회장님과 이사진들이 일어나 노래를 따라 부르는 진풍경이 벌어졌다. 우리 테이블에서 자연스레 연주와 노래 이야기가 오가던 중, 1999년에 호주에서 버스커로 활동한 적이 있다고 했더니 다들 놀라워했다. 김 대리는 내가 이미 재단 행사에서 이런 퍼포먼스를 한 걸 봐서인지, 다소 미묘한 표정을 짓고 있었다.

   호주 회장님의 연주가 끝난 뒤, 우리 테이블의 사람들이 내 차례라며 슬며시 나를 무대로 추천해 주었다. 기타는 없었지만, 피아노로 제이슨 므라즈^{Jason Mraz}의 「I'm Yours」를 연주하며 불렀다. 피아노를 치면서 주위를 돌아보니 젊은 몇몇 사람들만이 곡을 아는 듯했지만, 그 순간은 신경 쓰지 않고 노래에 집중했다. 공연을 마치고 내려오자 회장님이 묘한 미소로 '독특한 직원이구먼' 하시는 듯한 표정을 지으셨고, 다른 회장님들도 따뜻한 박수와 칭찬을 해주셨다. 그 후 친해진 다른 나라의 회장님과 대화를 나누다 보니, 그분은 베를린 회의에 대해 떠오르는 기억은 사실 내가 무대에서 노래한 장면뿐이라고 말씀해 주셨다. 그렇게 설렘과 긴장으로 시작된 나의 첫 국제회의는 아름다운 노래로 마무리되었다.

국제어린이재난연맹
회의
(독일 베를린, 2012년
5월)

국제어린이재단연맹
전략회의
(독일 베를린, 2012년
5월)

국제어린이재단연맹
국제회의
(미국 뉴욕, 2017년 5월)

$\textbf{3}$

굿바이 MDG

    글로벌 애드보커시Global Advocacy는 국제적 차원에서 정책, 제도, 여론에 영향을 미치기 위해 다양한 이해관계자들과 협력하며 목소리를 내는 활동을 의미한다. 이는 시민사회, NGO, 국제기구, 학계 등이 참여하여 빈곤, 인권, 기후변화, 보건 등 글로벌 이슈에 대한 인식을 제고하고 정책 변화를 유도하는 것을 목표로 한다. 특히 국제개발협력 분야에서는 개발도상국의 목소리를 국제사회에 전달하고, 보다 공정하고 지속가능한 개발정책 수립을 촉진하는 데 핵심적인 역할을 한다. 이러한 활동은 정부와 국제기구의 책임을 강화하고, 궁극적으로 개발효과성과 형평성을 제고하는 데 기여하기에 국제개발협력에서 아주 중요하다.

    2012년 9월, 뉴욕에서 애드보커시 실무자 회의가 열릴 예정이었다. 당시, 2000년 유엔이 빈곤과 질병 퇴치를 목표로 세운 새

천년개발목표(MDG^{Millennium Development Goals})가 2015년에 종료될 시점이 다가오고 있었고, 국제사회는 그 이후의 목표 수립을 위해 활발한 논의를 진행하고 있었다. 아동 중심 단체로서, 우리도 새롭게 설정될 유엔의 목표에 아동 관련 목표들이 포함되도록 국제적인 애드보커시 활동을 전개하고 있었다. 같은 목적으로 국제어린이재단연맹^{ChildFund Alliance}에서도 전담반을 구성했고, 나는 한국을 대표해 참여하게 되었다.

9월 뉴욕 출장 준비는 여러 번의 회의를 거쳐 종합적이고 통합적인 계획을 수립하는 과정이었다. 특히 전화 회의로는 한계가 있어, 이번에는 직접 뉴욕에 모여서 논의하기로 했다. 그러나 출국을 앞두고 고민이 많았다. 아내가 만삭이었고 출산 예정일이 10월이었기 때문이다. 일산 집에 혼자 두는 것이 마음에 걸려, 아내를 춘천 장모님 댁에 데려다주고 다음 날 아침 일산 집으로 돌아와 짐을 챙기고, 인천공항으로 가는 버스에 몸을 실었다.

버스 안에서 갑자기 국제전화가 울렸다. 요즘처럼 당시에도 보이스 피싱 전화와 메시지가 많았기에 처음에는 무시했지만, 계속 전화가 와서 문자를 확인해 보니, 발신 번호와 함께 "Do not come to NY. 뉴욕으로 오지 마세요."라는 메시지가 있었다. 순간 이상한 느낌이 들어 전화를 받으니, 다름 아닌 국제어린이재단연맹 부총장의 전화였다. 지난밤 뉴욕에 강력한 허리케인이 상륙해 도시 전체가 마비될 정도로 피해가 심각하다는 긴급 상황을 알려왔다. 회원국에 이메일이 발송되었지만 확인되지 않은 것 같아 직접 연락을 준 것이다. 그제야 상황을 파악하고 전화를 끊고 나니, 이미 버스는 공항 출국장 앞에 도착해 있었다. 만약 그 전화를 무시했더라면, 뉴욕 JFK 공항의 초토화된 현장에 발을 들였을 것이다. 그렇게 미루어진 회의는 이듬해 2013년 3월에 다시 열렸다. 뉴욕 출장에서 나는 글로벌 애드보커시 캠페인을 기획하는 일에 참여할 수 있었고, 그 결과 Free from Violence and Exploitation 캠페인이 생겨났으며 각 회원국이 이를 이행하게 되었다.

글로벌 애드보커시 캠페인, Free from Violence and Exploitation (2013)

글로벌 캠페인 수립 회의 (미국 뉴욕, 2013년 3월)

④

글로벌 애드보커시와의 만남

업무 중, 글로벌 애드보커시는 내게 특히 깊은 인연이 있다. 국제어린이재단연맹의 전략 수립에 참여하면서, 한국이 국제연맹의 핵심 회원국으로서 더 적극적으로 국제적 역할을 수행하기를 바랐다. 당시 국제어린이재단연맹은 회원국들이 내는 분담금으로 운영되었고, 한국은 미국에 이어 두 번째로 많은 분담금을 부담하는 주요 회원국이었지만 재단으로서는 높은 분담금에도 불구하고 특별히 더 많은 혜택이나 지원을 체감하기 어려웠다. 그런 상황에서도 회장님께서는 재단이 국제사회의 일원으로서 더 중요한 역할을 해야 한다며, 국제적 협력과 직원들의 역량 강화를 위해 연맹과의 협력을 강조하셨다.

국제적 감각을 키우고, 연맹의 전략을 국내에 어떻게 적용할지 고민하던 중, 나는 자연스럽게 글로벌 애드보커시 컨셉을 구상하게 되었다. 중앙집권적 구조가 아닌 연맹 차원의 구조를 가진 재단의 장점 중 하나는 뉴욕에 있는 사무국 직원들의 역할이었다. 우리는 국제 이슈가 발생하면 주저하지 않고 뉴욕 사무국과 협의할 수 있었고, 그들은 항상 공동 목표를 위해 지원을 아끼지 않았다.

연맹에서 새롭게 수립한 Free from Violence and Exploitation 캠페인을 국내부서와 협의하는 과정은 초기에는 쉽지 않았다. 이 캠페인이 국내에서 어떻게 적용되고 파급력을 가질지 확신하기 어려웠기 때문이다. 하지만 끊임없는 설득과 대화를 통해, 우리는 이 캠페인을 'Free'라는 이름으로 국내에 도입할 수 있었다. 이때 이 일을 기획하고 실질적으로 국내에 적용한 국내부서의 역할이 아주 컸었다. 아동 관련 이슈를 차기 유엔 안건에 포함시키기 위해, 한국 정부와 언론, 일반 시민들과의 접촉면을 넓혀가며 애드보커시 활동을 펼쳤다. 물론, 애드보커시는 단기간에 결과를 얻기 어려운 만큼 성과를 확인하는 데는 몇 년이 걸렸다. 하지만, 이 캠페인은 재단이 국제적 이슈에 대응하는 글로벌 기관으로서의 입지를 다지는 중요한 전환점이 되었다.

2015년, 유엔의 새로운 목표인 지속가능발전목표(SDG$^{\text{Sustainable Development Goals}}$)가 수립되었고, 이 목표들이 실제로 잘 수행되고 있는지를 점검하는 회의가 글로벌 차원과 지역적 차원에서 개최되었다. 이와 동시에, 한국 시민사회는 아시아 및 다른 대륙 시민사회와 연대하여 이러한 논의를 이어가고자 했다. 우리도 국제적 활동의 중요성을 인식하고, 각종 회의에 참석하여 우리의 활동과 아동 이슈의 중요성을 알리는 일에 동참했다. 방콕의 유엔 아시아 태평양 경제사회위원회 회의(3월), 뉴욕 고위급정치회담(7월), 베이징과 몽골의 동북아이해관계자 회의(10월)에서 이러한 활동을 이어갔다.

이 당시 글로벌 애드보커시가 주요하게 떠올랐지만, 기관 내에서 주요한 활동을 인정받기에는 어려운 환경이었다. 하지만 우리 팀은 매 순간 내부와 외부의 사람들에게 애드보커시의 중요성을 설명하면서 이 일을 진행해 나갔다. 그 힘든 시기를 함께해 준 소중한 팀원들에게 진심으로 감사의 마음을 전하고 싶다.

유엔 고위급정치회담
(High Level Political Forum)
(미국 뉴욕, 2019년 7월)

⑤

나의 든든한 해외 파트너들

2013년부터 본격적으로 국제개발협력 업무에 뛰어든 이후, 나는 국내외 여러 파트너와 함께 일할 기회를 가질 수 있었다. 국제 연맹의 수많은 CEO, 이사들, 뉴욕과 브뤼셀의 사무국 직원들, 그리고 개도국 현지에서 일하는 많은 프로그램 담당자까지. 업무를 통해 만나고, 배우고, 때로는 의견 차이를 겪기도 하며, 결국 좋은 관계를 쌓아온 사람들이다. 서로 다른 나라와 문화적 배경을 가진 이들과 일하는 것은 겉으로 보기에는 멋진 일처럼 보이지만, 그 안에는 수많은 인내와 이해가 필요한 순간들이 있다. 하지만 이러한 파트너들과 10년 넘게 함께 일하며 지금까지도 관계를 이어가고 있다는 사실은 나에게 큰 행복이다. 이제는 되돌아보며 생각하곤 한다. 어떻게 이렇게 멋진 사람들과 일할 수 있었을까? 또 무엇이 이런 긍정적인 관계를 유지하게 했을까? 되새길수록, 감사한 일들이 떠오른다.

국제개발협력 업무를 하며 가장 값지게 느끼는 것은 지식이나 경험의 축적이 아니라, 바로 '사람'이다. 이들은 단순한 직장 동료를 넘어, 함께 국제개발협력을 경험하고 성장해 온 진정한 동반자들이다. 물론 국제개발협력에는 여러 중요한 요소들이 존재하지만 파트너십이 가장 중요하다고 믿는다. 이는 내가 직접 체험하고 깨달아온 바이며, 국제개발협력에서 파트너십이야말로 가장 강력한 무기이자 든든한 동반자라는 확신이 있기 때문이다. 이러한 경험이 내가 박사 논문의 주제를 파트너십과 현지화로 삼게 한 이유일 것이다. 파트너십을 통해 얻게 된 사람들, 그리고 그들과 함께 쌓아온 경험들은 나의 일과 삶에 크나큰 자산으로 남아 있다.

국제어린이재단연맹 애드보커시 회의
(베트남 하노이, 2018년 4월)

⑥

우리는 누구이고
그들은 또 누구인가

　내가 일한 기관은 국제 NGO로, 우리가 지원하는 개발도상국의 입장에서 보면 도너^{Donor} 기관이었다. 우리는 한국의 개인, 기업, 정부로부터 후원금을 받아 세계 여러 개도국에서 현지 파트너와 협력하여 학교를 짓고, 보건소를 지원하며, 그 지역의 아동과 가족을 지원하는 다양한 사업을 진행했다. 이런 구조 속에서는 자연스럽게 권력 관계가 생길 수밖에 없었다. 자금이 필요한 현지 파트너와 기금을 관리하는 도너 기관은 항상 권력의 중심이 도너 기관에게 기울어지기 마련이었다. 하지만 이러한 일방적 관계는 상호적이지 않으며, 장기적으로 효과적이지도 않다고 느꼈다.
　그래서 나는 현지 파트너와의 관계를 단순한 사업 파트너 이상의 신뢰 관계로 발전시키기 위해 나름의 노력을 기울였다. 최대한 그들의 의견에 귀를 기울이고, 허용할 수 있는 범위 내에서 그들의 의견을 수용하고자 했다. 도너 기관의 책임자이지만 현지의 의견을 최대한 반영한 사업을 진행하려고 했었다. 물론 우리가 원하는 사업이 있지만 이럴 때 파트너 기관과 충분한 대화를 통해서 설득하고 이해시키고 함께 나아가는 방향으로 진행했다.

현지 사업을 위해 모니터링을 겸해 방문할 때가 종종 있었다. 현지 학교를 방문할 때면 아이들과 주민들이 환영식을 준비해 주곤 했는데, 그때마다 이런 생각이 들었다. '이들은 나를 어떤 사람으로 기억할까? 정말 지역사회의 변화를 바라고, 그곳을 진심으로 아끼는 사람으로 기억할까, 아니면 우리가 잘 환영해 주면 큰 예산을 확정해 주는 사람으로만 여길까?' 물론 예산을 편성하고, 사업을 집행하는 것은 내 업무의 중요한 일부였다. 그러나 현지의 긍정적인 변화를 위해 우리 기관이 주도하는 사업이 아니라 현지인들이 주인공이 되는 사업을 만들어가고 싶었다. 이런 나의 진심이 통했던 것일까? 함께 일했던 파트너들과는 여전히 좋은 관계를 유지하며 소식을 주고받고 있다. 다음에 방문하게 된다면 꼭 그들을 위해 노래 한 곡 준비해서 불러줘야겠다는 다짐을 해본다.

해외모금 촬영 현장 방문
(부르키나파소 디아파가,
2016년 8월)

사업현장 모니터링 방문
(라오스 후아판, 2019년
4월)

사업현장 모니터링 방문
(가나 타말레, 2019년
12월)

Part 3. 국제개발협력의 길로 들어서다

⑦

서로 빛나는 이들

나와 함께 일한 직원들은 정말 멋진 친구들이었다. 그들은 다양한 전공과 경험을 가지고 재단에 입사해, 각자 보석처럼 빛나는 존재였다. 때로는 아주 사소한 문제에 대해서도 하루 종일 치열하게 논의하고, "내일 다시 논의해 봅시다"라고 할 정도로 엄청난 집중력과 굽히지 않는 고집을 보여주곤 했다. 누군가는 이런 태도를 부담스럽게 여길지도 모르지만, 나는 오히려 자기 생각을 솔직하고 정확하게 표현하는 이 점이 좋았다.

사무실에서 보여주던 이들의 모습은 현지 출장지에서 또 다른 모습으로 변신했다. 현장에서는 온종일 열정적으로 일하고, 밤에는 다음 날 일정을 준비하는 이들. 그들은 단순히 회사에 충성하는 것을 넘어, 자신이 속한 분야에 대한 깊은 애정과 전문성을 가지고 있었다.

지금은 많은 직원이 떠나고 새 얼굴들이 들어왔지만, 그들이 더 넓은 무대에서 활약하는 모습을 볼 때마다 나는 감사하고 대견한 마음이 든다. 예전에는 직원들이 조직에 대해 고민할 때 이런 이야기를 한 적이 있다. "어떤 조직이든 장단점이 있고, 조직을 향해 불평만 하는 것은 인생을 낭비하는 것이다. 날마다 불평하고, 남 탓을 하며 시간을 보내기보다는, 현재의 자리에서 최선을 다하고, 더 멋진 곳으로 시원하게 떠나라." 조금 꼰대 같은 이야기로 들릴 수 있지만 사실 그랬다. 그들이 이 말을 얼마나 가슴 깊이 새겼을지는 모르지만, 지금 유엔이나 정부 기관, 혹은 다른 NGO에서 일하고 있는 그들은 치열하게 일하고 시원하게 떠난 멋진 동료들로 기억에 남아 있다. 언젠가 이 친구들과 함께 다시 개발협력 사업을 한다면 놀라운 일들을 할 수 있겠다는 생각이 든다.

이 빛나는 친구들이 이제야 각자의 자리에서 얼마나 값진 존재인지 알고 그 빛을 발하는 듯하다. 당시에는 너무 많은 보석이 함께 있어서 서로의 빛이 가려졌을지도 모른다. 그러나 지금, 어디에서 무엇을 하든 계속 빛을 발할 이들에게 오늘도 진심으로 응원을 보낸다.

8

해외 의료캠프의 교훈

    2015년에 국제협력팀장으로 유엔과 정부 대상 국제 애드보커시 업무를 집중하던 중, 아프리카 팀장이 갑자기 사직하면서 하반기 동안 두 팀을 겸직하게 됐다. 아프리카 팀의 주요 업무를 팀원들로부터 브리핑받았고, 가장 시급하게 진행해야 할 일이 8월 우간다에서 예정된 의료캠프라는 걸 알게 됐다.

    의료캠프에 대해서는 예전부터 동료 팀장들한테 이야기를 많이 들었다. 어떻게 설명해야 할지 모르겠지만, 초기 기획과는 달리 그 목적과 실행 방식이 많이 달라져서 많은 부분을 보완하고 수정할 필요가 있었다. 의료캠프 준비 과정에서 협력 병원들과의 관계도 쉽지 않았고, 오히려 의료캠프가 현지 의료 체계에 부담을 줄 수 있다는 점도 고민거리였다. 우리는 2008년 스리랑카를 시작으로 여러 차례 의료캠프를 진행해 왔다. 국내 대학병원들과 함께 진행했고, 이번에 맡게 된 의료캠프는 2015년 8월에 우간다 키보가^{Kiboga} 지역 키유니^{Kiyuni}에서 진행될 예정이었다. 아무튼 팀원들과 파이팅 넘치게 준비해서 우간다로 갔다.

의료 캠프 첫째 날

1) 9시 출발의 정의에 대해서 이야기해 봅시다.

첫날 아침, 우리는 현지 파트너 기관과 9시 출발을 약속하고 모든 준비를 마친 상태로 차량 앞으로 나갔다. 그런데 운전기사들이 보이지 않았다. 한 사람은 담배를 피우러, 또 한 사람은 차를 마시러, 다른 한 사람은 가족과 통화를 하고 있었다. 출발이 늦어지면 모든 일정이 차질을 빚게 될 상황이라 마음이 조급해진 나는 운전기사들에게 서둘러 준비해 달라고 말한 뒤 출발할 수 있었다.

하지만 차 안에서는 "아프리카는 이래서 발전이 더디다"라든가, "정신 상태가 문제"라며 불평 섞인 말들이 들리기 시작했다. 무엇이 문제였을까? 나는 출발을 재촉하며 잠시 생각에 잠겼다. 전날 저녁, 우리는 분명히 회의에서 9시 출발을 확정했고 운전기사들 역시 고개를 끄덕이며 엄지손가락을 치켜세웠다. 그렇다면 혹시 커뮤니케이션 방식에 문제가 있었던 걸까, 아니면 문화적 차이가 작용한 걸까? '9시 출발'이라는 개념이 한국과 우간다에서 다르게 해석된 것은 아닐까? 그런 의문을 가진 나는 첫날 캠프가 끝난 후 운전기사들과 다시 이야기를 나눠보기로 했다.

"내일도 9시에 출발할 거예요. 그런데 여기서 말하는 '9시 출발'이 어떤 상태인지 함께 정의해 보면 좋겠네요. 9시 출발이라는 건 여러분이 아침 식사를 마치고, 담배도 피우고, 차도 마시고, 사랑하는 가족과 통화도 마친 상태에서 차량의 기름을 확인하고 운전석에 앉아 있는 상태를 말합니다. 알겠죠?"

이번에도 그들은 환하게 미소를 지으며 고개를 끄덕이고 엄지를 들어 보였다. 여전히 의심이 들긴 했지만, 다음 날 결과를 보기로 했다. 그리고 정말 놀랍게도, 그다음 날 아침 모든 운전기사가 정시에 출발 준비를 마친 채 기다리고 있었다. 나는 그 순간 큰 깨달음을 얻었다. 커뮤니케이션이란 내가 이해하는 방식으로 말하는 것이 아니라, 상대방의 관점에서 말해야 한다는 것을. 이 경험을 통해 나는 '아프리카 사람들이 게으른 것이 아니라, 시간에 대한 개념이 한국과는 다를 뿐'이라는 깨달음을 얻었다. 이후로, 문화적 차이를 더 깊이 이해하며 서로 배려하는 태도로 업무에 임할 수 있었다.

잠깐, 여기서 꿀팁

사업 출장을 계획하고 현지에서 업무를 수행하게 된다면, 운전기사와 친밀한 관계를 유지하는 것이 정말 중요하다. 출장 기간 동안 그들은 나의 손과 발이 되어주는 소중한 존재들이다. 절대 그들을 소홀히 대하지 말자.

2016년 부르키나파소 출장 중

운전기사와의 관계가 좋지 않으면, 출장 중 예상치 못한 어려움이 생겼을 때 도움을 받기 어려울 수 있다. 나의 경우, 출장을 갈 때마다 한국의 정을 담아 초코파이를 챙겨 가곤 한다. 운전기사에게 이 작은 선물을 건네면 그 정이 다시 나에게 돌아오는 것 같다는 생각이 든다. 이 부분을 절대 가볍게 여기지 말기를 바란다. 출장 준비 중 가장 중요한 일 중 하나가 바로 이 관계다.

2) 도대체 이 많은 사람들은 어디에서 왔는가?

첫날, 운전기사들과의 신경전을 뒤로하고 의료 캠프 현장에 도착했다. 도착 전부터 현장에서는 노랫소리가 들렸고, 이미 많은 사람이 진료를 기다리고 있었다. 늦게 출발한 탓에 조급했던 마음이, 우리를 기다리는 인파를 보며 한층 더 복잡해졌다. 의료팀과 약제팀, 진료 대기실 등을 나누며 분주히 진료 준비를 시작했다.

그러나 모여든 사람들은 서로 진료를 받으려 줄을 서기도 어려운 상태였다. 혼란스러운 상황 속에서 인원이 점점 늘어나는 걸 보며, 이러다 의료캠프에서 사고라도 나는 건 아닌지 걱정이 들었다. 그래서 지역 리더에게 도움을 요청해 현장을 정리하기 시작했다. 약 2시간 동안 목소리를 높여 진료 구역과 대기 구역을 나누고, 진료표를 배부할 수 있는 시스템을 겨우 만들었다. 이 과정을 통해 다시 한 번 Logistics is everything 실행 계획이 가장 중요하다는 사실을 절감했다.

무더운 여름날, 아침부터 기다린 이들 중 상당수는 오후 5시까지 진료를 받지 못하고 대기만 해야 했다. 5시가 되어 진료를 마치고 숙소로 돌아갈 준비를 하는데, 여전히 기다리는 사람들이 눈에 밟혔다. 현지 직원에게 물어보니 그들은 적게는 한 시간, 많게는 두세 시간을 걸어온 사람들이었다. 내일 다시 올 사람들도 있겠지만, 오늘의 기회를 얻지 못한 채 돌아서는 모습을 보니 마음이 무거웠다.

의료캠프 둘째 날

1) 약봉지 하나를 얻기 위해 감자 한 개를 먹고 수십 킬로미터를 걸어오다

둘째 날 아침, 의료캠프 현장에 도착하니 어제처럼 많은 사람들이 미리 와서 기다리고 있었다. 어제의 실수를 되풀이하지 않겠다는 다짐으로, 모두가 각자의 위치에서 정신을 바짝 차리고 준비에 임했다. 오늘의 핵심은 많은 사람을 어떻게 잘 관리하느냐에 있었다. 나는 마이크를 잡고 안내도 하고, 현지 주민이 노래를 부르니 흥겨운 콘서트장 같은 분위기도 연출됐다.

캠프장을 이곳저곳 둘러보며 준비 상황을 점검하던 중, 현지 파트너와 주민들과 이야기할 기회가 생겼다. "여기 사람들은 어디서 오는 걸까요? 다들 이 근처에 사나요?"라는 질문에 현지 직원은 가까운 곳에서 온 사람들도 있지만, 수십 킬로미터 떨어진 곳에서 방송을 듣고 찾아온 사람들이 많다고 답했다. 게다가 이 지역은 가뭄이 심해 식량을 구하기 어려워 하루에 감자 하나로 끼니를 해결하는 이들이 많다고 했다.

나는 비록 의료 전문가는 아니지만, 예전에 북한사업팀장으로 산모 병원 개보수 사업을 할 때 영양과 보건의 중요성에 대해 배운 적이 있다. 의료 지원이 제대로 효과를 발휘하려면 영양 개선도 병행해야 한다는 사실을 깨달았던 그 경험 덕분에, 만성적인 영양 부족에 시달리는 주민들에게 일회성 의료 캠프가 과연 얼마나 도움이 될지에 대해 고민하게 되었다.

그날도 많은 이들이 하루 종일 기다리다가 겨우 진료를 마치고 약봉지 하나를 들고 돌아갔다. 그 모습에 기뻐하는 아이의 환한 얼굴이 아직도 눈에 선하다.

2) 누구의 책임인가?

둘째 날 오후, 진료를 받고 주사를 맞은 아이가 갑자기 쇼크

증세를 보였다. 몸을 가누지 못할 정도로 큰 발작을 일으키며 힘이 빠져 진료실에 누워 있었다. 우리는 신속히 의료진을 호출해 상황을 확인해달라고 요청했다. 의료진은 투여한 주사의 성분을 살펴보더니, 아마도 주사로 인한 긴급 쇼크인 것 같다고 말했다. 그래서 큰 병원으로 이동해 진료를 받는 것이 좋겠다는 판단을 내렸다. 우리 팀은 신속히 차량을 준비하고, 아이가 안정될 때쯤 인근 큰 병원으로 아이를 이동했다. 다행히 아이는 이후 건강을 잘 회복했다.

하지만 이 사건을 두고 한국 의료진과 현지 의료진 사이에 마찰이 생겼다. 한국 의료진은 처방을 내렸는데, 주사를 투여한 현지 의료진이 다른 성분의 주사를 사용했다고 주장했다. 반면 현지 의료진은 자신은 처방받은 대로 주사를 투여했다고 했다. 이 상황은 진실게임처럼 얽히게 되었고, 지금 생각해 보면 그 당시에는 정말 이런 문제로 다른 일들을 진행할 수 없다는 압박감이 커서, 마지막 날 전체 회의에서 다시 이야기하자고 마무리할 수밖에 없었다. 이 사건을 떠올릴 때마다 만약 아이에게 더 큰 문제가 생겼다면, 그 책임은 누구에게 있었을까? 지금 돌이켜보면, 우리는 너무 순진하고 무모했던 것 같다는 생각이 든다.

많은 분의 수고와 노력 덕분에 의료캠프는 무사히 마무리되었다. 서울 사무실로 돌아온 후, 우리는 의료캠프에 대한 평가를 진행하며 몇 가지 주요 이슈를 정리했다. 우선, 예산 대비 부족한 효과, 지역 의료 시스템에 미친 부정적인 영향, 의료캠프의 중장기 계획 부재, 그리고 의료 사고 시 책임 문제 등이 주요한 사항으로 떠올랐다. 물론 모든 의료캠프가 지역 보건 환경에 부정적인 영향을 미치는 것은 아니지만, 이러한 보고는 내부 정책 결정자에게 잘 전달되어 향후 보다 나은 의료캠프를 준비할 수 있는 기초가 되었다.

　의료캠프를 되돌아보면, 지역사회의 긍정적인 변화를 위한 노력이었음을 느낀다. 모든 의료캠프가 지역사회에 도움이 되지 않는 것은 아니며, 우리가 진행한 총 6회의 의료캠프도 상당 부분 지역사회에 긍정적인 역할을 했다. 하지만 현지의 존중 없이 기획된 의료캠프는 우리의 선한 의도가 오히려 부작용을 일으킬 수 있다는 사실을 잊지 말아야 한다. 이 경험을 바탕으로, 나는 이후 사업을 기획할 때 'Do No Harm 피해를 주지 않는다' 원칙을 항상 염두에 두고 계획할 수 있게 되었다.

　마지막으로 다음에 또 만날 날을 기대하며, 의료 캠프에 참여해 주신 국내 의료진들의 시간, 수고, 열정에 깊이 감사드린다.

해외의료 캠프
진료표를 받기 위해
기다리는 줄
(우간다, 2015년 8월)

해외의료 캠프
함께 일한 동료들
(우간다, 2015년 8월)

⑨

2015년 삶이 멈추던 그 겨울,
다시 선물을 받다

    2015년은 나에게 도전과 기회, 그리고 새로운 삶이라는 값진 선물을 안겨준 해로 기억한다. 국내외 다양한 파트너들과의 협업을 통해 업무에 대한 자신감이 생기기 시작했고, 무엇이든 할 수 있을 것 같은 용기와 에너지로 충만했던 시기였다. 국제어린이재단연맹에서 역할이 점차 확대되면서, 정책과 전략을 바라보는 눈이 뜨이고 세상을 향한 시야 역시 넓어졌다. 그해 11월, 한국에서는 국제어린이재단연맹 회의가 예정되어 있었고, 나는 이 국제회의의 실무 책임자로 모든 행사를 기획하고 진행하게 되었다. 규모가 큰 국제회의였기에 약간의 긴장감과 부담이 없었다고는 할 수 없지만, 하루하루가 설레고 즐거웠다. 팀원들과 함께 현장 답사를 다니고, 프로그램과 세부 활동을 기획하며, 회의 장소, 호텔, 식당, 선물, 자리 배치 등 수많은 준비를 함께해나갔다.

그 와중에 아프리카 사업 팀장의 부재로 인해 두 팀을 겸직하게 되었다. 정책 중심의 업무에 더해 현장 사업까지 맡게 되었으니, 업무량은 많았지만 기대 이상으로 보람이 컸다. 매일 배우고 쌓여가는 경험은 내게 큰 만족감을 안겨주었다. 연초부터 회의 준비와 사업 관리에 집중했고, 8월에는 우간다로 의료캠프를 다녀왔으며, 11월에는 서울에서 진행된 국제회의를 성공적으로 마쳤다. 같은 시기 모잠비크 사업은 현장에서 기대와는 다른 방향으로 운영되고 있었기에, 하반기부터는 사업 분석과 현장 출장을 준비하게 되었다. 정말 날마다 살인적인 스케줄의 연속이었다.

11월 중순, 국제회의를 마치고 그 다음 주 토요일, 모잠비크 출장을 앞두고 있었다. 나는 늘 해외 출장을 떠나는 날 아침엔 조깅하는 습관이 있었다. 몸이 가벼워지고, 컨디션도 좋아지기 때문이었다. 그날도 이른 아침, 동네 종합운동장 트랙을 20바퀴 돌고 집으로 돌아왔다. 그런데 뭔가 이상했다. 운동장에 간 기억은 또렷한데, 어떻게 집에 돌아왔는지 전혀 기억나지 않았다. 샤워를 마친 후 거실로 나왔는데, 아들이 두 명으로 보였다. 고개를 오른쪽으로 45도 돌리면 한 명으로 보이고, 정면을 보면 다시 두 명이 되는 이상한 시야였다. 모든 사물이 그렇게 겹쳐 보였다. 이상함을 느끼고 근처 안과를 찾았고, 의사는 즉시 대학병원으로 가 머리 검사를 받아야 한다고 했다. 눈의 문제가 아닌, 뇌의 문제일 가능성이 크다는 진단이었다. 급히 대학병원에 도착해서 증상을 이야기하니 뇌출혈이 의심된다고 정밀 검사를 진행했다. 검사를 받고 결과를 기다리는 동안 아내는 놀라움과 걱정을 감추지 못했지만, 내 앞에서는 한결같은 표정으로 나를 지켜주었다. 병원에 입원해 있던 일주일 동안, 많은 생각이 스쳐 지나갔다. 혹시 이것이 내 마지막일까? 아침마다 침대에서 일어나는 것이 두려웠다. 오늘도 모든 것이 두 개로 보이면 어쩌나 하는 두려움이 엄습했다. 감정의 롤러코스터를 타면서 퇴원하는 날, 담당 의사의 마지막 설명을 들을 수 있었다.

"우리 몸은 우주보다 더 복잡합니다. 현대 의학으로는 모든 것을 알 수 없습니다. 지금 환자분이 제 앞에 있는 것도 기적 같은 일입니다. 의학적 소견으로는 벌써…"

의사는 말을 끝맺지 못하고 멈췄다.

"이 일은 어쩌면 신이 주신 하나의 인생 이벤트일지도 모릅니다. 남은 삶을 건강하고, 행복하게 살아가십시오."

그해 12월, 하나님은 달리기만 하던 나의 삶에 조용히 제동을 걸어주셨다. 다시 나아갈 방향을 찾고, 멈춤 속에서 새 힘을 모을 수 있도록.

그렇게 나는 다시 한번 값없이 주어진, 새로운 삶의 선물을 받게 되었다.

⑩

해외 모금 방송 촬영

비영리 민간단체의 활동 중 자원 동원, 즉 모금 활동은 단체의 존립을 좌우하는 중요한 활동이다. 모금 방식과 형식은 시대에 따라 많은 변화를 겪어왔지만, 만약 누군가 비영리단체의 모금 방식에 대해 떠올려보라고 한다면, 대부분 거리 부스를 통한 직접 모금, 방송 매체나 인터넷 모금 같은 것들을 떠올릴 것이다. 1980년대로 거슬러 올라가면, 불우 이웃 돕기 성금을 생방송으로 진행했던 것이 기억난다. 모금 박스 앞에 아나운서가 있고, 봉투에 성금을 준비해 와서 기부하는 방식이었다. 예전이나 지금이나 방송은 모금의 중요한 매개체 역할을 해왔고, 그 효과는 매우 강력했다.

해외사업을 하는 비영리 민간단체들도 단체의 사업 확장과 안정적 운영을 위해 모금이 필수적이다. 모금 방법은 다양하지만, 그중에서도 해외 모금 방송 촬영을 통한 신규 후원자 개발 효과는 탁월했기에 단체들은 이를 선호해왔다. 방송사로서도 사회 공헌 차원의 공익적 프로그램을 하는 것은 방송국 이미지에도 새로운 사업 영역 확장에도 좋았다. KBS의 〈희망로드 대장정〉, KBS 〈동행〉, SBS의 〈희망 TV〉, MBC의 〈어린이에게 새 생명을〉, EBS의 〈글로벌 프로젝트 나눔〉, CBS의 〈힐더월드〉 등은 각 방송사의 대표적인 사회 공헌 프로그램이다. 이러한 프로그램은 대부분 비영리 단체와의 협력을 통해 제작되었다. 특히 한국 UN 가입 20주년을 맞아 시작된 KBS 〈희망로드 대장정〉이 2011년에 방영된 이후 해외 모금 방송이 활발해지며, 해외 모금 방송의 황금기가 열리게 되었다.

2016년, 한여름의 더위가 한창일 때였다. 해외사업을 총괄하는 선배가 나를 불러서 해외 모금 방송 촬영을 갈 수 있는지 물어보셨다. 국가는 아프리카의 서쪽에 있는 부르키나파소이고 함께 가는 팀원은 김○○ 대리라고 했다. 국가도 매력적이었고 함께 가는 파트너도 멋진 후배라서 흔쾌히 제안에 응했다.

해외 모금 방송 촬영을 준비하는 과정은 짧게는 다섯 달, 길게는 그 이상이 걸리는 시간과 정성이 요구된다. 기본적으로 한국에서의 사전 준비(최소 5개월), 현장 촬영 준비와 실제 촬영(최소 3주), 방송 후 사업 지원까지 생각하면 거의 1년 가까운 시간이다. 이 과정에서 다양한 요소들을 철저히 준비해야 한다.

먼저, 촬영할 국가를 선정하고, 현지 파트너에게 방송에 사용할 사례를 요청한다. 이후 그 사례들을 꼼꼼히 검토하고, 촬영 허가를 받아야 하며, 그다음 중요한 절차로 유명인을 섭외하는 작업이 있다.

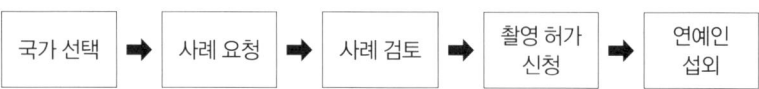

이 모든 준비가 잘 마무리되면 현지에서는 약 3주간의 사전 조사와 촬영이 진행된다. 첫 번째 주에는 단체 실무자들이 먼저 현장 점검을 위해 들어가고, 두 번째 주에는 촬영팀이 합류해 사례 가정 방문과 사전 촬영을 한다. 마지막으로, 세 번째 주에 연예인이 합류해 본 촬영을 완료한다. 쉽게 말해, 나와 동료인 김 대리

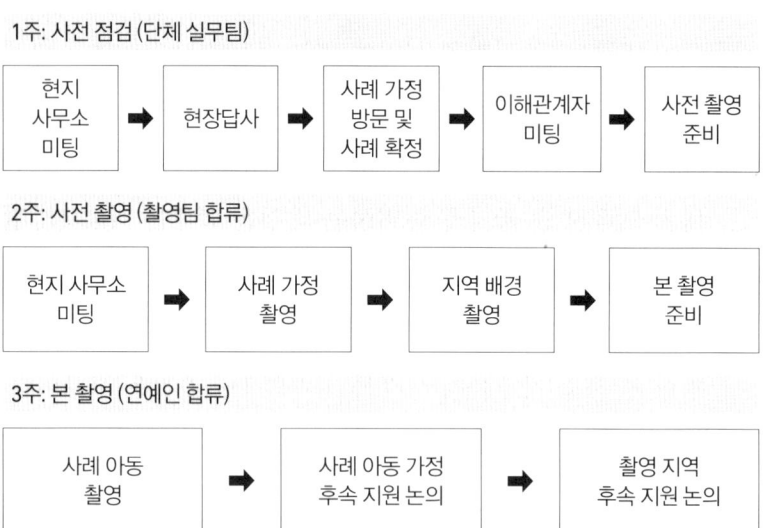

는 같은 촬영 장소를 3번이나 방문하게 되는 셈이다.

2016년 7월 말 김 대리와 나는 부르키나파소에 사전 점검차 먼저 도착했다. 사전 촬영과 본 촬영에 앞서 현지 주민, 지역 리더, 정부 기관 관계자들과의 협의가 필수였기 때문이다. 이런 논의를 통해 촬영의 성공 여부가 결정되는 만큼, 결코 대충할 수 없었다. 우리는 수도 와가두구Ouagadougou에서 사업파트너 기관들과 협의를 마친 뒤, 촬영 대상이 되는 아동들이 살고 있는 곳으로 이동을 시작했다.

이번 촬영 지역은 세 곳이었다. 와가두구와 동쪽으로 떨어진 빠다Fada, 그리고 그보다 더 동쪽에 위치한 디아파가Diapaga였다. 와가두구에서 빠다까지는 약 220km로 차량으로 4시간 정도 걸렸고, 빠다에서 디아파가까지는 183km로 약 3시간 30분이 소요되었다. 이동 중에 특히 주의해야 할 점이 많았다. 일몰 전까지 숙소에 도착할 수 있는지 꼼꼼히 체크하고 출발해야 했고, 해가 진 이후에는 이동을 절대 금지해야 했다. 일몰 후에 차량을 운행하면 무장 괴한의 습격을 받을 위험이 커졌기 때문이다. 우리는 해가 지는 시간을 자세히 확인하며 모든 일정을 소화했다.

빠다로 가는 길은 예상보다 한적했지만, 포장도로임에도 군데군데 움푹 파인 곳이 많아 속도를 제대로 낼 수 없었다. 이 길을 오랫동안 운전해 준 사업 파트너 운전사 타시리의 무릎이 얼마나 아팠을지 문득 생각이 들었다. 차량이 수동이어서 클러치와 기어

변속이 끊임없이 이어져야 했기 때문이다. 구글맵 상으로는 약 4시간이 걸리는 거리였지만, 실제로는 그보다 더 긴 시간이 소요되었던 것으로 기억한다. 함께 이동했던 일행은 나와 김 대리, 현지 파트너의 마케팅 담당 패트릭, 그리고 운전사 타시리였다. 이동 중에는 참 많은 대화를 나누었다. 처음에는 업무 이야기로 시작했지만, 어느새 취미, 배경, 가족, 정치, 경제 등 다양한 주제로 대화가 이어졌다. 특히 패트릭과 나누었던 대화들은 이후 3주간 함께 촬영을 진행하면서 서로에 대한 신뢰를 쌓는 데 큰 도움이 되었다. 서로를 잘 이해하게 되어 촬영 중에 발생할 수 있는 사소한 마찰도 훨씬 더 원활히 풀어나갈 수 있었다. 그렇게 몇 시간을 달리고 또 달려, 해가 지기 전에 숙소에 무사히 도착했다.

다음날 우리 일행은 가장 먼 곳에 있는 디아파가로 이동했다. 현장에 도착해서 현장 직원들과 인사하고 촬영의 목적과 배경에 대해서 설명하고 촬영에 소개될 아동 집으로 방문하면서 사전에 조사한 내용이 맞는지 확인하고 촬영에 대한 동의를 구하는 작업을 하였다. 지난밤 방문한 빠다에서도 사례 아동과 집을 방문하고 촬영에 대한 동의를 구했다. 3박 4일의 일정을 마치고 마침내 와가두구로 돌아와서 본 촬영이 진행될 채석장에 방문하였다.

부르키나파소의 수도 와가두구에는 거대한 채석장이 있다. 이 화강암 채석장에는 여전히 전통 방식으로 일하는 사람들이 가득했다. 이곳에서는 큰 화강암 덩어리를 부드럽게 하려고 폐타이어를 태우고, 그런 후 부서진 화강암을 여성과 아이들이 망치로 잘게 쪼개서 대야에 담아 나른다. 마치 마늘을 다지듯, 큰 돌을 잘게 부수는 모습은 현장의 척박함과 고단함을 그대로 보여주고 있었다.

현장에 도착한 순간 우리는 채석장의 규모에 압도되었고, 다음으로 그들이 일하는 열악한 환경과 엄마 곁에서 함께 고된 시간을 보내는 아이들이 눈에 들어왔다. 아이들은 그저 엄마 옆에서 고단한 하루를 지내는 모습이었다. 마음속에 많은 생각이 들었다.

현지 파트너인 패트릭과 상의 후 채석장을 관리하는 최고 책임자를 만나러 갔다. 그는 단번에 강렬한 인상을 남기는 사람이었는데, 우리는 그를 '빅보스'라고 불렀다. 나와 일행을 맞이하며 씩 웃는 그의 모습에서 나는 단단함과 따뜻함을 동시에 느꼈다. 나는 일행의 소개와 촬영 목적을 설명했고, 그는 촬영을 환영하며 우리가 협조할 부분과 지켜야 할 규칙들을 명확히 전달했다. 그는 특히 여성들이 일하는 동안 아이들이 옆에 있는 상황이 매우 위험하다고 지적했다. 예전에는 일본 국제협력기구(JICA Japan International Cooperation Agency)에서 지원한 영유아센터가 있었지만, 지금은 운영이 어려운 상황이라 아이들이 안전하게 지낼 수 있는 장소가 없다고 했다. 나는 그의 따뜻한 마음에 깊이 감동했다. 험악한 외모와는 달리 지역 사람들을 생각하는 마음이 느껴져 이 일을 위해 최선을 다하리라 마음먹게 되었다.

2주 차에 접어들자, 사전 촬영팀이 현장에 도착했다. 실무팀과 사전 회의를 마친 후, 나와 김 대리는 사전 방문 경로를 따라 다시 와가두구, 빠다, 디아파가로 이동하며 촬영을 진행했다. 각 사례 아동의 가정을 방문해 그들의 상황과 형편을 기록하는 촬영은 신중히 처리해야 했고, 특히 중요한 채석장 촬영은 무엇보다 안전이 우선이었다. 채석장에서는 빅보스와 사전 논의를 거쳐 신중히 촬영을 시작했다. 나는 제작진에게 현지인들과의 소통이 무엇보다 중요하니 서두르지 말고 협의를 충분히 마친 후 촬영에 들어가자고 전달했다. 빅보스와의 회의 후 제작팀은 채석장 아래로 내려갔다. 여전히 현장에서는 주민들이 일하고 있었지만, 우리의 방문으로 잠시 손을 멈춘 상태였다. 타이어를 태운 냄새가 진동하고 여기저기서 돌 깨는 소리가 울려 퍼졌다. 여성들이 바닥에 앉아 돌을 깨고, 어린아이들이 그 옆에 앉아 있는 장면이 선명히 기억난다. 이들의 삶이 과연 이번 방송을 통해 얼마나 달라질 수 있을지, 그 답을 알 수 없는 질문이 계속해서 떠올랐다.

이렇게 2주 차의 사전 촬영을 마치고 마지막 3주 차에 연예인이 도착해서 같은 지역을 같은 방법으로 이동하면서 촬영을 하면서 마무리를 하였다.

방송 제작진과 현지 파트너 간의 소통이 원활했고, 무엇보다 안전을 최우선으로 한 점이 돋보였다. 또한 효율적인 촬영을 위해 현장 소통을 강화하고, 채석장 영유아센터를 지원한 것은 긍정적인 성과였다. 하지만 장기적인 문제 해결에 대한 구체적인 대안이 부족했던 점은 아쉬움으로 남는다. 개별 가정이나 아동에 대한 지원만으로는 근본적인 해결책이 되지 않는다는 것을 잘 알기에, 더 깊은 고민을 남겨준 경험이었다.

촬영 중 에피소드

#에피소드 1: 경찰서에 연행되다

출장 중 가끔 겪게 되는 연행이나 구금도 이제는 일상이 된 느낌이다. 예전에 북한사업팀장으로 평양과 대안군을 다녀오다가 중국에서 일주일간 구금된 적도 있었다. 이번에도 비슷한 일이 일어났지만, 다행히 언제나 그랬던 것처럼 이 상황도 별일 아닌 듯 지나갔다.

촬영 허가를 받아 진행하고 있었는데, 지역 경찰서는 왠지 불편한 기색을 보이며 여러 가지 시시콜콜 트집을 잡기 시작했다. 결국 경찰서로 이동하자는 요청에 나와 김 대리는 연행되다시피 경찰서로 향하게 되었다. 가는 길에 경찰 아저씨와 소소한 대화를 나누며 철모도 써 보고, 총도 한번 만져 보면서 대화의 물꼬를 텄다. 경찰서에 도착하자 최고 책임자로 보이는 사람이 앉아 있다가 '봉주르, 꼬모 샤바'(안녕하세요, 프랑스어)로 시작해 이야기를 늘어

놓았는데, 나는 그만 잠깐 졸고 말았다. 이 배짱이 어디서 나온 건지 나도 모르겠다. 약 2시간 후 무사히 나왔고, 아프리카 출장 중 가끔 있는 일로 마무리되었다.

#에피소드 2: 통역관의 비밀. 어려운 영어는 잘하는데 일상 영어는 'What?!'

출장 중 통역은 매우 중요하다. 부르키나파소는 공식 언어가 불어지만, 지역에 따라 방언도 쓰기 때문에 현지 통역을 섭외해야 했다. 면접에서 통역사로 뽑힌 그는 뛰어난 영어 실력으로 우리를 매료시켜 바로 채용되었다. 그러나 막상 일을 시작하고 보니 전문 용어에는 강한데, 일상 대화는 어색했다. 사실 우리 촬영에서는 전문 용어보다는 일상 생활 용어가 더 필요했다. 당황했지만 그의 성실함 덕분에 우리는 그를 친근하게 대해주었고, 그는 우리를 형처럼 따랐다. 귀국할 때 그가 준 부르키나파소 국기는 아직도 내 방에 남아 있어 볼 때마다 그의 성실한 모습이 떠오른다.

#에피소드 3: 3주간의 룸메이트, 김대리

이번 촬영에서 김 대리와 3주간 같은 방을 쓰게 되었다. 예산 때문인지 안전상의 이유인지 확실하지 않지만, 남자 둘이 장시간

한 방에서 지내며 서로 친형제처럼 지냈다. 매일 고단한 촬영이 끝나면 "오늘 진짜 모든 걸 다 쏟아냈다"라며 현지 탄산음료 말타 Malta를 마시며 서로를 격려했다. 군 생활 이후 이렇게 긴 시간을 누군가와 함께 보낸 것은 처음이었다. 지금도 그때의 추억이 아련하게 남아 있고, 이 고생을 함께 이겨낸 김 대리가 자랑스럽고 든든한 동료로 여겨진다.

#에피소드 4: 영혼의 단짝, 패트릭

현지 파트너 패트릭은 품격 있는 불어와 고급스러운 억양의 영어를 구사하는 사람이었다. 정치, 경제, 문화 등 다양한 분야에 해박한 그는 통역뿐 아니라 촬영 현장에서 큰 도움이 되었다. 우리는 긴 시간 함께 일하며 이제는 그가 다 말하지 않아도 그의 의도를 알 수 있을 정도로 호흡이 잘 맞았다. 그때처럼 영어를 많이 썼던 적이 있었나 싶을 정도로 패트릭과 많은 대화를 나눴고, 우리 둘은 깊은 우정을 나누게 되었다. 지금도 패트릭이 잘난 척을 하며 잘 지내고 있을 것 같아 미소가 지어진다.

2016년 8월, 뜨거운 여름 3주간의 부르키나파소에서의 모든 경험이 아직도 강렬하게 머릿속과 가슴속에 남아 있다. 이 해외 모금 방송 촬영은 많은 배움과 경험을 안겨주었고, 국제개발협력 분야에서 도전 과제를 던져주는 프로젝트였다. 그날의 기억은 결코 잊을 수 없으며, 그때 만난 많은 사람들이 지금은 어떻게 지내고 있을지 궁금하다. 앞으로 국제개발협력 분야에서 계속 연구하고 실무를 수행하면서, 그날 현장에서의 모습과 사람들의 삶은 많은 가르침을 줄 것이라고 믿는다. 그 3주 동안 함께한 모든 스태프와 방송 촬영팀에게 진심으로 감사의 인사를 전하고 싶다.

채석장 전경
(부르키나파소 와가두구, 2016년 8월)

채석장 책임자,
빅보스와의 사전 협의
(부르키나파소 와가두구, 2016년 8월)

와가두구에서 파다로
가는 도로에서
3주간 형제가 되어준
사람들
(부르키나파소, 2016년
8월)

경찰서로 연행되어
가는 길
(부르키나파소, 2016년
8월)

Part 3. 국제개발협력의 길로 들어서다

⑪

왜 해외 사업을 해야 하나요?

　비영리기관에서 해외 사업을 진행하는 일은 여러 내부적, 외부적 어려움이 따른다. 우선, 외부적으로는 해외사업을 해야 하는 이유에 대한 질문이 많다. "우리나라에도 어려운 아이들이 많은데, 지역 아이들을 먼저 지원해야 하지 않나요? 왜 해외 아동을 지원하는 건가요?" 비영리단체의 사람들은 기업이나 개인 후원자들을 만날 때 이런 이야기를 종종 듣는다. 이 질문들은 매우 논리적이며 정당한 의문이다. 주변을 둘러보면 지원의 손길이 필요한 아동과 가정을 쉽게 발견할 수 있다. 그런데도 우리는 그들을 설득하기 위해 다양한 어려운 말을 쏟아낸다. 나는 유엔의 인권선언, 지속가능발전목표, 국제개발협력 기본법 등을 언급하며 그럴듯하게 이야기하지만, 상대방은 잘 이해하지 못하고 "아, 멋진 일이군요."라는 반응으로 대화를 마무리하는 경우가 많았다. 그래서 이제는 이런 복잡한 말을 줄이고, 이렇게 말하게 되었다. "왜 해외 아동을 지원해야 하냐면, 사람을 살리는 일이기 때문입니다. 세상에서 사람을 살리는 일보다 고귀한 일이 어디에 있겠습니까?" 상대방의 관점에서 쉽게 설명하는 능력이 필요하다는 생각이 들었다.

외부적 어려움은 이 정도로 두고, 내부 문제는 더욱 복잡하다. 비영리단체에서 해외사업을 진행하는 동기는 다양하다. 기관의 대표가 해외 사업에 관심이 있어서 시작하거나, 국내 사업의 팽창으로 신사업을 위해 추진하는 경우도 있다. 또는 국내외 사업을 함께 한다는 이미지 구축이나, 모금 시장의 다변화를 위해 해외사업 확장이 필요할 때도 있다. 이러한 다양한 동기와 목적이 있지만, 해외 사업에 대한 내부의 저항은 만만치 않다. 외부에서 사람을 살리는 일이라고 설득한 뒤에도, 내부의 직원들과 관련 부서들의 협력을 끌어내는 것은 쉽지 않았다. 이는 다른 단체도 마찬가지 상황이다. 해외 사업을 중심으로 진행하는 단체의 본부장들과 이야기를 나누었는데, 놀랍게도 그들 역시 내부에서 해외 사업에 대한 저항으로 어려움을 겪고 있었다.

국내 개발협력 단체 내에서 이러한 현상이 발생하는 이유에 대해, 타 단체 실무자들과의 비공식 인터뷰를 통해 몇 가지 원인을 파악할 수 있었다. 우선, 조직적 차원에서 해외사업이 확대되면 기존의 국내 사업 자리의 안정성이 위협받는다고 느낄 수 있다. 주요 정책을 결정하고 실행하는 본부 대부분의 부서장이 국내 사업 출신이기 때문에, 생소한 해외 사업이 확대될수록 그들의 역할이 줄어드는 것에 대한 우려가 클 것으로 생각된다. 다음으로는 조직의 성장에 대한 외부적인 에너지보다 내부의 관료적 에너지를 더 많이 소모하기 때문이다. 해외 사업의 역량을 넓히기보다는 내부의 관료적 시스템에 얽매여 조직의 미래 성장에 대해 대처를 하지 못하는 것이 원인일 수 있다.

어떤 이유든 사람을 살리는데 해외, 국내가 따로 있을 수는 없는 일, 여러 어려운 상황에서도 개발협력의 범위는 확대되고 있다.

⑿

직접 사업 vs 간접 사업

 국제개발협력에서 직접 사업과 간접 사업에 대한 논의는 오래전부터 이어져 왔다. 이 두 가지 사업 형태는 애증의 관계라고 할 수 있다. 무엇이 더 좋고, 더 효과적이며, 지역 주민들에게 더 많은 혜택을 주는지 규정하기란 매우 애매하다. 시대에 따라 직접 사업이 진행되다가, 그 과정에서 발생하는 다양한 이슈들로 인해 간접 사업으로 전환되기도 한다. 반대로, 간접 사업에서 생겨나는 문제들로 인해 다시 직접 사업이 힘을 받는 순환 구조를 이루고 있다.
 직접 사업과 간접 사업의 가장 중요한 차이는 현지에 한국 소속의 사무소가 있는지 여부이다. 2013년까지 재단의 해외 사업은 국제어린이재단연맹의 파트너들과의 협력을 통해 간접 사업 형태로 진행되었다. 부르키나파소, 가나, 우간다, 에티오피아, 캄보디아, 라오스, 방글라데시 등에서 사업을 진행할 때, 이 국가사무소는 한국이 아닌 캐나다, 호주, 미국, 스페인과 같은 연맹 회원국 소속의 기관이었다. 간접 사업으로 이루어진 사업은 주도권이 한국보다 연맹 회원국에 조금 더 쏠릴 수밖에 없는 구조다. 연맹 회원국과의 협력은 사업의 안정성, 현지 파트너와의 우호적인 협력 관계, 효과적인 안전관리 등 여러 가지 장점이 있었다.

다만, 해당 사무소가 우리 기관 소속이 아닌 만큼, 국내에서 발생한 사업 수요나 모금 기회를 온전히 반영하기 위해서는 연맹 회원국들과의 충분한 협의가 필요했고, 그 과정에서 유익한 기회를 놓치는 경우도 있었다. 또한, 현지 직원들이 사업을 진행하다 보니, 한국 직원들이 현장에서 경험을 쌓을 기회도 부족했다.

이런 여러 가지 문제를 인식한 재단은 본격적으로 직접 사업을 하기로 결심하고, 남수단, 르완다, 탄자니아, 말라위에 지부를 설치하고 인력을 파견하는 실질적인 행동에 나섰다. 이 과정에서 수많은 논의와 반박, 재논의가 이루어졌다. 직접 사업을 선호하는 진영에서는 직접 사업의 필요성과 이에 따라 재단이 얻는 여러 장점을 주장했으며, 간접 사업을 선호하는 그룹은 간접 사업의 장점과 재무적 안정성 등을 제시했다. 이렇게 직접 사업을 진행하던 중 코로나19를 겪게 되면서, 현지의 주도권을 강화하는 방향으로 사업의 초점이 이동하게 되었다. 이미 설치한 지부의 운영 방식을 현지 파트너들의 역량을 강화하는 방향으로 선회한 것이다. 어떤 입장을 취할지는 그 시대의 상황에 따라 가장 적합한 방향으로 결정되는 것이 아닐까 생각해본다.

13

직원들이 떠나는 이유

　한국 비영리기관, 특히 국제개발협력 분야에서 일하는 직원들이 다양한 경로로 새로운 기회를 찾아 나서는 흐름이 이어지고 있다. 이는 내가 몸담았던 조직뿐만 아니라, 개발협력 비영리기관 전반에서 자연스럽게 나타나는 변화이다. 내가 본부장으로 근무하던 시절에도 동료들이 새로운 도전을 위해 이직하거나 학업을 위해 떠나는 경우가 많았다. 그리고 지금 돌아보면, 나 역시 그중 한 사람이 되었다.

　떠난 직원들의 행보를 살펴보면, 유엔 기구나 정부 기관, 국제 NGO에서 활약하는 후배들이 있는가 하면, 일부는 영리 기업으로 진로를 바꾸거나 학업을 위해 유학을 떠나기도 했다. 이러한 변화의 흐름은 코로나19 이후 더욱 두드러졌다. 타 기관의 후배들도 기관을 떠나면서 마지막 인사를 전하곤 했고, 그들이 떠나는 이유를 나에게 말해주곤 했다. 많은 이들이 공통으로 자신의 역량을 더욱 확장하고, 다양한 경험을 쌓기 위해 새로운 기회를 찾았다고 말했다. 또한, 기관 내에서의 역할 변화나 개인적 성장의 방향을 고민하며 자연스럽게 새로운 길을 모색한 경우도 있었다.

그러나 기관에서의 경험은 사람마다 다르게 해석될 수 있다. 나 역시 본부장으로 근무하며 직원들과 많은 이야기를 나누었고, 그 과정에서 "어떤 조직이든 장단점이 공존한다. 중요한 것은 스스로 어떤 가치를 찾고 만들어 가느냐"라고 조언하곤 했다. 그리고 덧붙였다. "어디를 가든 지금보다 더 나은 곳이라는 보장은 없다. 중요한 것은 현재 자리에서 최선을 다하는 것"이라고.

그래서 나는 직원들에게 늘 이렇게 말했다. "있는 동안 최선을 다해 일하고, 떠날 때는 감사하며 후회 없이 떠나라." 이 말을 마음에 새기며, 나 역시 주어진 자리에서 최선을 다했고, 새로운 도전을 향해 나아갈 수 있었다.

⑭

진정한 파트너십

　국제개발협력 사업을 효과적이고 성공적으로 수행하기 위해 가장 필요한 요소에 대한 질문에는 다양한 답변이 따른다. 안정적인 재무 환경, 현지 직원들의 역량, 수원국의 주인의식, 신뢰할 만한 파트너십 구축, 그리고 분야에 대한 전문성 등 여러 요소가 성공적인 사업을 위해 필요하다. 나는 지난 수년간 이러한 요소들이 사업의 성공을 이끄는 핵심이라고 믿으며 파트너들과 사업을 진행해 왔다.

　하지만 사업을 진행하면서 파트너들과의 미묘한 충돌을 어떻게 이해하고 대응해야 할지 고민이 들었다. 우리가 재원을 가지고 있기 때문에 우리의 계획을 따르지 않으면 지원금을 중단하는 것이 옳은 결정인지, 아니면 현지의 요구를 그대로 들어주는 것이 더 나은 것인지, 항상 양면성의 딜레마 속에 놓이게 된다. 사업을 통해 배운 중요한 교훈 중 하나는 그들이 우리를 어떻게 생각하는지에 대한 것이다. 현지 학교를 세우기 위한 프로젝트가 단순한 지원을 넘어 현지의 궁극적인 변화를 기대하는 것이 될 때, 사업의 질은 현저히 달라진다.

여러 사업의 경험을 통해 나는 일단 현지를 사랑하고 이해하며 배우는 것이 중요하다는 것을 깨달았다. 이것의 기초가 되는 것은 바로 현지의 문화와 역사에 대한 이해이다. 해당 나라의 문화와 역사를 이해하면 그 나라의 시스템과 사람들의 행동 양식을 이해할 수 있다. 이 과정에서 그들도 우리를 단순한 도너 파트너의 직원으로 인식하는 것이 아니라, 함께 비전을 추구하는 동료로 받아들이게 된다.

최근 캄보디아와 관련된 논문을 작성하면서, 논문의 완성도를 높이기 위해서는 캄보디아의 정치, 문화, 역사에 대한 깊은 이해가 필요하다는 생각이 들었다. 국제개발협력에서 갖추어야 할 여러 가지 덕목들이 있지만, 그 이전에 먼저 문화와 역사에 대한 이해가 필요하다고 강조하고 싶다. 이제 다시 섹터에서 지역 전문성이 중요해 지는 시점이 아닐지 생각이 든다.

⑮

세상의 아이들을 위한 헌신
그러나 나의 아이들은…

　경험이 쌓이고 네트워크가 넓어지며 사업에 대한 성공적인 경험이 증가함에 따라, 업무에 대한 자신감도 함께 자라났다. 사업의 절대적인 양을 늘리는 것이 곧 성공적인 사업이라는 생각에, 사업의 규모를 확대해 나갔다. 개발협력사업, 인도적 지원사업, 북한 지원사업, 글로벌 애드보커시, 국제 거버넌스 업무 등 비영리기관에서 다양한 업무를 맡는 것은 결코 쉬운 일이 아니지만, 나는 그만큼 일에 대한 욕심이 많았고, 일이 밀려드는 시기이기도 했다.

　세상의 아이들에게 조금 더 나은 삶을 선사하고자 하는 미션을 가슴에 품고, 내 몸과 영혼을 다해 일했던 적이 있다. 새로운 파트너와 새로운 사업의 시작, 새로운 업무 속에서 많은 배움의 기회를 경험하며, 나는 스스로가 잘 살아가고 있다고 생각했다. 바쁘다는 것이 성공한 인생의 척도인 듯 하루하루를 치열하게 보냈다. 어느 순간부터 한 달에 한 번씩 해외 출장을 가는 일이 잦아지면서 아내는 두 아들을 홀로 돌보며 남편의 귀국 소식만을 기다리는 삶을 이어갔고, 두 아들은 빈 아빠의 자리를 허전하게 느끼며 더욱 보채고 울었다.

출장을 마치고 집에 돌아오면 항상 미안한 마음이 들어, 아내와 두 아들에게 출장 중의 신나는 이야기들을 풀어 놓곤 했다. 세상의 아이들을 위해 열심히 일할수록, 나의 가정과 두 아들은 아빠의 빈자리를 더욱 절실히 느끼는 날이 많아졌다.

2019년 3월, 해외 출장 중 동네 아이들이 축구를 하는 모습이 눈에 들어왔다. 해맑게 웃으며 땀을 흘리는 아이들을 보며, 집에 있는 두 아들이 떠올랐다. 나의 아들들은 오늘도 아빠가 언제 돌아오는지 허전함을 메우기 위해 고군분투하고 있었다. 그 순간, 문득 자각의 순간이 찾아왔다. 나는 지금 여기서 무엇을 하고 있는가? 세상의 아이들을 위해 일하고 있지만, 내 두 아들의 삶에 대해 나는 얼마나 알고 있는가? 이런 고민이 마음을 무겁게 했다.

많은 부모가 이러한 삶을 살고 있지만, 그럼 직장을 그만두고 아이들과 늘 함께 지내는 것이 아이들을 위한 최선인가? 라는 질문이 스쳤다. 그러나 두 아들은 아빠의 존재가 더욱 필요했던 시기였고, 이를 홀로 감내하는 아내를 생각할 때 미안한 마음이 들었다. 온갖 생각을 머리에 두고 출장지에서 서울로 돌아왔다. 집에 가서 아내와 아들들을 만나고 얼마 지나지 않아, 내가 아프리카에서 가져온 바이러스로 둘째가 병원 신세를 지는 일이 길어졌다. 도대체 나는 지금 무엇을 하고 있는가? 깊은 고민이 이어지는 밤이었다.

⑯

작별, 다시 춘천으로

2019년 1월, 일산에서 춘천으로 이사한 이후 4년 동안 춘천과 서울 본부를 오가며 일해왔다. 아침 6시에 일어나 간단한 식사를 한 뒤, 6시 50분에 집을 나서 남춘천역으로 걸어가면 7시 26분에 기차를 탈 수 있다. 남춘천역을 떠난 ITX는 청량리에 도착하고, 청량리에서 1호선을 타고 종각에 내려 몇 분 거리를 걸으면 8시 58분에 사무실에 도착한다. 나의 출근길에는 작은 오차라도 생기면 지각이 된다. 다른 대안이 없기 때문이다. 퇴근 후 집으로 돌아오려면 6시에 정시 퇴근을 하고 청량리에서 18시 40분 춘천행 급행을 타야 한다. 이러한 상황 때문에 나는 근무시간 동안 업무에 더욱 몰입할 수밖에 없었다.

대부분 점심은 사무실에서 빵과 샌드위치로 간편하게 해결하며, 하루 동안 처리해야 할 이메일, 결재 문서, 사업 관련 서류들을 보았다. 더욱이 연맹 사무국에서 회장님과 이사님들께 오는 문서들을 잘 정리하여 답변하고 보고하는 일도 점심시간에 이루어졌다. 하루의 에너지를 다 쏟고 청량리에서 급행 전철에 몸을 싣는 순간, "아, 오늘도 잘 살았다. 굿 데이!"라며 자신을 다독였다. 저녁 8시 30분쯤 집에 도착하면, 늦은 저녁과 함께 아이들을 잠시 보고 아내에게서 하루의 일상을 듣는 것이 유일한 낙이었다.

이런 생활은 나쁘지 않았다. 몸이 조금 힘들긴 했지만, 안정적인 직장과 사랑스러운 가족이 나의 보금자리에서 나를 지탱해 주고 있었다. 그러나 어느 날, 이러한 반복적인 삶에 균열이 생기기 시작했다. 내가 하고 있는 일과 가족들과 함께하지 못하는 날들에 대한 회의가 들기 시작했다. 새로운 변화를 위해 한두 번 그만둘 기회가 있었지만, 그 당시 모시고 있는 회장님의 임기가 2022년 7월에 끝나기 때문에 재단과의 인연도 그즈음에서 마무리될 것이라는 생각이 들었다. 그 시기에 박사 과정을 시작한 나는 학업과 일을 병행하면서 언제가 될지 모르는 재단과의 이별을 준비하고 있었다.

2022년 8월, 새로운 회장님이 취임하며 재단은 변화의 시기를 맞이했고, 사업 방향과 조직 구조가 새롭게 정비되었다. 같은 해 겨울, 나는 기관의 필요에 따라 지방 사업장으로 발령받게 되었다. 새로운 환경에서 역할을 고민하는 과정에서, 그동안 쌓아온 경험과 전문성을 더욱 발전시킬 방안을 모색했고, 결국 재단을 떠나 박사과정에 전념하기로 했다. 이후 2024년 1월부로, 공식적으로 퇴사하며 새로운 도전에 나섰다.

퇴사하면서 남긴 메시지

초록우산 어린이재단 식구들에게 보내는 마지막 인사

사랑하고 존경하는 초록우산 어린이재단 선배, 동료, 후배 여러분 안녕하세요. 2024년 청룡의 해에 복 많이 받으시길 기원합니다.

저의 인생의 새로운 문을 조심스럽게 여는 순간, 그동안 저와 함께 동고동락한 재단의 식구들에게 마지막 인사를 하고자 이렇게 편지를 드립니다. 쉽지 않은 결정이지만 초록우산 어린이재단에서 지난 17년 삶에 이제 마침표를 찍어야 할 순간이 온 거 같습니다.

2007년 강원도아동보호전문기관의 상담원으로 재단에서의 인연을 쌓아가기 시작했습니다. 사회에서 소외된 분들과의 만남을 통해 사회복지사로서 제가 얼마나 부족하고 또한 껍데기에 불과 한 사람인가를 느끼면서 배우고 단단해진 거 같습니다. 아직도 첫 신고 현장에 방문해서 아파트 문을 열었던 그 떨림이 기억납니다. 그 이후 북한사업팀장으로 평양, 개성, 대안군 등 여러 번 북한에 다녀오면서 쉽게 경험할 수 없는 일을 하기도 했습니다. 특히 2009년 5월 북한에서 중국으로 넘어올 때 신종플루 의심 환자로 분류되어 베이징 디탄 병원에 일주일 동안 구금된 일은 아직도 인생의 한 추억으로 기억이 됩니다. 그 이후 정부의 5·24조치로 인해 북한 사업이 중단되어 2011년 잠시 복지사업본부에서 지역개발사업을 하고 그 이후 회장님을 수행하는 의전팀장으로 회장님과 전국 기관 방문 그리고 ChildFund Alliance 국제회의에 참석하면서 업무와 지식의 지경이 넓어지는 계기가 되었습니다.

2013년 이후 본격적으로 해외 분야에 발을 디디면서 ChildFund Alliance 거버넌스, 전략 수립, 글로벌 애드보커시 등 다양한 업무를 통해 저의 분야의 전문성과 함께 국내외 네트워크를 넓히는 계기가 되었습니다. 우간다 후원자방문단, 부르키나파소 모금 촬영, 우간다 의료캠프, 여러 해외 사업장 방문, 글로벌 애드보커시를 위해 뉴욕, 베이징, 방콕 출장, 2015년 한국에서 개최된 ChildFund Alliance 국제회의 등 재단 식구들과 함께 웃고, 어려운 시간을 함께 이겨낸 수많은 일들이 아직도 기억납니다.

2019년 국제개발협력 본부장으로 취임해서 4년의 임기를 통해 해외의 많은 파트너와 협력하면서 아동과 지역사회의 변화를 위해 함께 걸어갈 수 있었던 것 특히나 너무나 멋진 동료, 후배, 선배들과 함께 그 길을 갈 수 있었던 것 저에게는 엄청난 기회였고 영광스러운 일이었습니다. 돌이켜 생각해 보면 초록우산 어린이재단에 받은 사랑과 이 엄청난 기회들에 너무나 감사하고 이러한 경험이 앞으로 제가 살아가야 할 인생의 여정에 큰 자산이 된 거 같습니다. 이러한 기회를 주신 재단에 감사드리며 특히 부족한 저를 넓은 관용으로 감싸주시고 인생의 의미와 아름다운 삶에 대해서 가르쳐 주신 이제훈 회장님께 감사드립니다. 가끔 이러한 생각을 한 적이 있습니다. 재단은 뭘 믿고 이런 과분한 기회를 나에게 줄까? 이런 생각이 들 때마다 누가 보든 안 보든 이 사랑과 믿음에 보답하기 위해 저 자신을 채찍질하며 달렸던 거 같습니다. 재단의 식구가 늘어감에 따라 우리 가족도 늘어났고 재단이 성장함으로 저와 우리 가족도 함께 성장했습니다. 생각해 보면 감사할 것밖에 없는 지난 날이었습니다.

지금, 이 글을 쓰면서도 재단을 떠난다는 결정을 한 제가 어색하게 느껴지고 언젠가는 돌아갈 것 같은 막연한 마음이 드는 것은 여전히 재단을 향한 마음과 사랑이 크다는 것으로 생각합니다. 하지만 조금 더 길게 인생을 보았을 때, 매듭짓는 삶이 필요한 거 같습니다. 대나무가 푸르고 곧게 자라나는 이유는 매듭을 짓기 때문이라고 하지요. 지금까지 받은 사랑, 응원을 잠시 뒤로하고 저의 인생의 전반전을 여기서 매듭짓고자 합니다. 매듭진 곳에서 인생의 후반전을 준비하며 다가올 가슴 벅찬 응전에 대담하고 용기 있게 응답하고자 합니다. 지난 세월 재단에서 받은 사랑과 기회들 그리고 많은 배움, 이 모든 것을 디딤돌 삼아, 우리 사회와 국제사회에서 어렵고, 관심이 필요한 사람들과 지역사회를 위해 저의 마음과 열정을 쏟아내고자 합니다.

　재단에서 다양하고 많은 일을 했기에 또한 과분한 사랑을 받았기에 아쉬운 것은 없지만 단 하나, 제가 마음에 품고 기도하는 재단 식구들을 이제는 가까이에서 자주 보지 못한다는 것이 아쉬움으로 남는 거 같습니다. 특히 많은 시간 저와 함께한 국제개발협력본부 동료들이 생각이 많이 날 거 같습니다. 국제개발협력이라는 쉽지 않은 길을 저와 함께 걸어가 주신 모든 여러분 너무 감사드립니다. 당신들과 함께 일할 수 있어서 그리고 당신의 본부장으로 섬길 수 있어서 너무나 행복했고 저에게는 참으로 아름다운 순간이었습니다. 모든 강물은 흘러 흘러 큰 바다에서 만나듯이 여러분도 저도 아동과 지역사회를 섬기는 일을 계속한다면 언젠가는 다시 볼 날이 있으리라 생각합니다. 앞으로도 우리 사회에 소외되고 관심이 필요한 아동들과 지역사회를 위해 지금처럼 늘 애써주시길 바라고 늘 건강하고 행복하시길 바랍니다.

　또한 예배위원장으로 섬기는 특권을 하나님께서 주셔서 저와 함께 예배를 섬겨주신 예배위원님들께도 감사드립니다. 여러 굴곡이 있었지만, 예배의 줄기를 놓지 않고 함께 걸어가 준 예배위원님들의 수고와 헌신에 감사드리며 앞으로도 재단 예배를 잘 섬겨주셔서 믿음의 반석에 굳게 서서 흔들이지 않는 재단이 되길 바랍니다.

다시 한번 부족한 저를 품어주시고 또 이끌어 주신 재단의 모든 분께 감사드리고 이사님들, 회장님 그리고 임직원 여러분의 가정과 개인의 삶이 아름다운 인생이 되도록 멀리서나마 응원하고 기도하겠습니다. 그동안 저에게 주신 과분한 재단의 사랑 잊지 않고 열심히 살아 나가겠습니다. 하나님의 축복과 은혜가 재단에 가득하길 기도합니다.

2024. 01. 02.

이성호 올림

사무실을 떠나는 날
(2022년 겨울)

17

삶의 지혜, 수유칠덕과 국제개발협력

내가 노자(老子)의 『도덕경(道德經)』에 관심을 갖게 된 계기는 회장님께서 본부 부서장과 전체 기관장을 대상으로 마지막 당부를 하신 자리에서였다. 이 자리에서 회장님은 성실하고 믿을 수 있는 사람이 되는 것이 인생의 좌우명이라며, 이러한 관점에서 『도덕경』에서 말하는 물이 가진 일곱 가지 덕목, 수유칠덕(水有七德)을 인용하셨다.

수유칠덕(水有七德)

- 겸손(謙遜): 물은 낮은 곳으로 흐른다.
- 지혜(智慧): 물은 막히면 다른 데로 돌아간다.
- 포용력(包容力): 더러운 물, 깨끗한 모든 물을 받아들인다.

- 융통성(融通性): 물은 어떤 모양의 그릇에도 담길 수 있다.
- 인내(忍耐): 물은 단단한 바위를 뚫는다.
- 용기(勇氣): 물은 절벽을 만나면 주저하지 않고 뛰어내린다.
- 대의(大義): 물은 유유히 흘러 바다를 이룬다.

회장님의 말씀은 나에게 깊은 울림을 주었고, 노자의 철학을 탐구해 보고 싶은 욕구를 불러일으켰다. 수유칠덕은 단순한 지혜를 넘어, 인간이 세상과 조화롭게 살아가는 방법을 제시하는 중요한 교훈이다. 이 가르침을 통해 나는 『도덕경』의 심오한 의미를 이해하고, 이를 내 삶에 어떻게 적용할지 고민하면서 국제개발협력의 관점에서도 풀어보았다.

수유칠덕의 7가지 가치와 국제개발협력의 가치

1) 겸손(謙遜) Ownership

물은 욕심 없이 높은 곳에서 낮은 곳으로만 흐른다. 물은 자신을 낮추고 낮은 곳으로 흘러 들어간다. 효과적인 원조를 이루기 위해서는 수원국의 주인의식 Ownership이 필수적이다. 공여 국가들은 자신들의 위치를 권력자로 여기기보다는, 수원국 주민들의 실질적인 삶의 변화를 위해 낮은 자세로 그들을 섬기는 자세가 필요하다. 이를 통해 현지 주민의 삶 변화와 진정한 파트너십 형성이 가능해진다.

2) 지혜(智慧) Authentic Partnership

물은 막히면 다른 방향으로 돌아간다. 물은 서로 다투지 않고 흐르다가 막히면 즉시 돌아서 흘러간다. 우리가 파트너들과 협상하고 논의할 때, 종종 막히는 문제들이 발생한다. 이때 서로 감정을 상하게 하기보다는, 수원국의 역사, 문화, 사회적 구조 등을 이해하려는 자세가 필요하다. 쉽지는 않지만, 이러한 노력을 통해 막힌 담을 허물고 궁극적으로 진정한 파트너십Authentic Partnership을 이룰 수 있다.

3) 포용력(包容力) Inclusivity

물은 더러운 물과 깨끗한 물 모두를 받아들인다. 물은 묵묵히 개천, 하천, 강을 지나 바다로 간다. 수원국 정부와 현지 파트너와 함께 사업을 기획하고 준비할 때는 모든 상황을 포용하며 사업을 설계해야 한다. 또한 본부의 직원이나 현지 파트너들이 역량이 부족하다고 단정 짓기보다는, 그들을 믿고 기다리면서 역량 개발에 관대함을 가져야 한다. 이렇게 함으로써 미래 세대가 성장할 수 있는 기반을 마련하게 된다. 모든 사람은 한때 부족했던 시기가 있었고, 누군가의 기다림과 믿음 덕분에 지금의 내가 존재하게 된 것처럼.

4) 융통성(融通性) Flexibility

물은 어떤 모양의 그릇에도 담길 수 있다. 사업을 수행할 때 현지에서는 예측할 수 없는 일들이 일어날 수 있다. 그러나 이러한 변화에 대해 경직된 사고를 유지하면 오히려 문제가 악화될 수 있다. 하쿠나 마타타$^{Hakuna\ Matata}$(문제없다, 걱정 없다)의 정신으로 모든 상황을 긍정적으로 받아들이고, 그 상황을 있는 그대로 받아들이는 자세가 필요하다. 또한 빠르게 변화하는 시기에는 자신의 부분적인 경험과 지식이 마치 전체를 본 것처럼 생각하기보다는, 나는 언제든지 틀릴 수 있음을 인정하고 변화해 가는 환경, 상황에 적응하는 지혜가 필요하다.

5) 인내(忍耐) Long-term Perspective

물은 끈기와 인내로 지칠 줄 모르고 단단한 바위를 뚫는다. 낙수는 하루아침에 바위를 뚫는 것이 아니라, 오랜 시간 동안의 끈기를 가지고 결국 단단한 바위를 뚫어낸다. 국제개발협력에서 진행하는 사업의 효과에 대해 너무 조급하게 생각하기보다는 긴 호흡을 가지고 지역의 변화를 기대해야 한다. 쉽게 포기하지 말고, 끝까지 최선을 다하며 노력한다면 결국 긍정적인 영향을 가져올 수 있다는 믿음을 가지고 나아가야 한다.

6) 용기(勇氣) Bold Decision-making

물은 절벽을 만나면 주저하지 않고 뛰어내린다. 우리가 사업을 진행할 때 이러한 순간이 있다. 정말 어려운 상황에 직면했을 때, 주저하지 않고 결정하고 나아가는 용기가 필요하다. 현재의 이익만을 고려하지 말고, 장기적인 이익을 위해 과감한 결정과 결단력이 요구된다. 이 과정에서 기관과 개인 차원에서 아픔이 있을 수 있지만, 그 아픔은 결국 더 건강하고 단단한 기관과 자신을 만들어주는 계기가 된다.

7) 대의(大義) Vision

물은 아무런 불평 없이 긴 여정을 마치고 결국 큰 강이 되어 바다에 이른다. 국제개발협력의 성공적인 형태에 대해 논의할 때, 개발도상국의 발전을 위해 많은 자원을 동원했음에도 불구하고 그 결과가 유의미하지 않다는 지적이 있다. 그러나 우리가 하는 오늘의 작은 일들이 모여 결국 지역의 변화를 이끌어낸다. 그 변화는 현재 우리가 볼 수도 있고, 아니면 우리의 다음 세대들이 그 결과를 확인할 수도 있다. 오늘도 하루하루 묵묵히 살아가는 우리의 작은 발걸음이 나중에 큰 대의를 이루는 마중물이 될지 누가 알겠는가.

국제개발협력이라는 분야에 있으면서 늘 배우고 도전하는 과정이었으며, 매 순간 국제개발협력의 가치와 본질을 잊지 않기 위해 노력하는 시간이다. 내가 가장 경계하는 것은 작은 부분을 보고 그것이 모든 것인 양 여기는 내 모습이다. 한 인간의 삶에 간섭하고 개입하는 것은 어찌 보면 대단히 위험하고 조심스러운 일이다. 이를 위해서는 지역에 대한 깊은 이해와 균형 잡힌 철학적 배경이 필요할 것 같다. 이러한 이유로 노자의 『도덕경』은 나에게 많은 가르침을 준다.

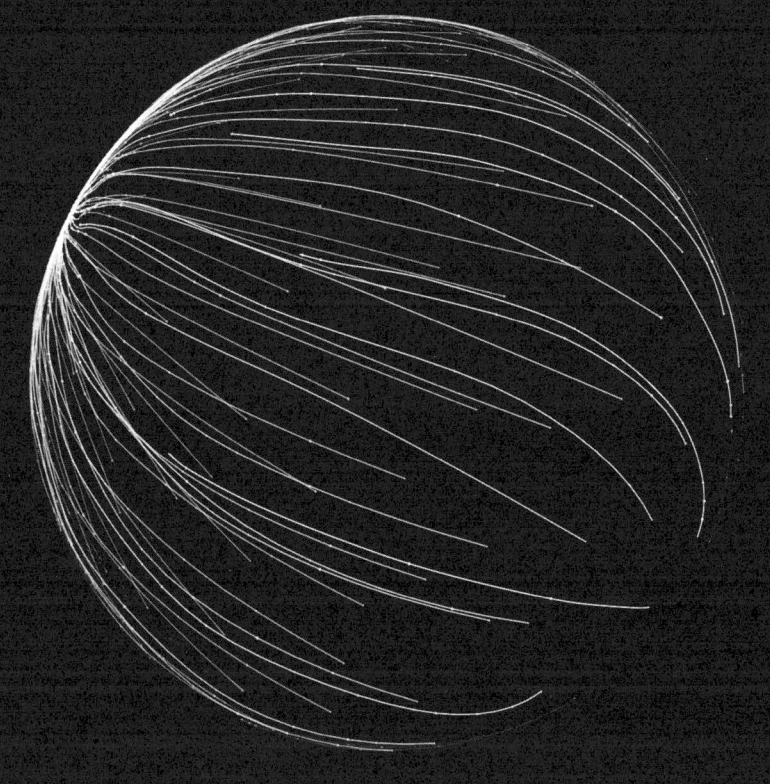

Part 4.

**두 아들을 둔 중년 남성,
박사과정에 들어가다**

① 이 길은 내 평생의 소명

처음 비영리기관에 입사했을 때는 10년 정도 일하면서 경험을 쌓고, 다른 분야로 도전해 보자는 마음이 컸다. 하지만 좋은 동료와 선배, 인생의 멘토를 만나면서 계획은 10년을 넘어 17년으로 이어졌다. 다양한 사업을 경험하면서 국제개발협력이 내 인생의 평생 소명이라고 점점 더 확신하게 되었다. 사람을 살리는 일을 업으로 삼고 살아가는 게 얼마나 행복한 일인가 싶었다. 이런 확신이 깊어지던 무렵, 현장 경험을 바탕으로 한 연구를 하고 싶다는 마음이 커지기 시작했다. 국제개발협력 분야에는 세계적으로 유명하고 존경받는 교수들이 많지만, 현장 기반의 연구가 많이 없다는 점이 늘 아쉬웠다. 그래서 현장을 연구하는 연구자가 되고 싶었다. 그동안 현지 파트너와의 권력관계, 현지화, 파트너십에 대해 늘 궁금한 부분들이 있었다.

또 한 가지는 이 일을 죽을 때까지 하고 싶다는 마음이었다. 평생을 바쳐 연구와 현장 활동을 이어가려면, 박사학위를 마치고 개인 연구자로 활동하는 것도 좋은 길이 되리라 생각했다. 그러면서 두 가지 고민이 생겼다. 쉬지 않고 일해서 61세에 정년퇴직하고 난 후 다른 도전을 하기엔 늦을 수 있다는 점과, 지금 잠시 일을 멈추고 박사학위를 마친 후 다시 현장으로 돌아가는 선택 중 어느 것이 더 나은지에 대한 고민이었다. 당연히 후자가 더 나은 선택이라고 느꼈다.

마지막으로는 가족이었다. 아내와 조금 더 많은 시간을 보내고 싶었고 두 아들이 성장하는 모습을 지켜보고, 그들의 성장을 응원하는 부모가 되고 싶었다.

그래서 분주함을 잠시 내려놓기로 결심했다. 물론 박사과정이 결코 쉬운 길이 아니라는 건 잘 알고 있었다. 진심으로 강한 동기부여가 없다면 도시락 싸서 들고 가면서까지 말리고 싶은 정도다. 하지만 국제개발협력을 평생의 소명으로 삼고자 하는 사람이라면 한 번쯤 도전해 볼 가치가 있다고 생각한다. 이렇게 해서 40대 중반, 두 아들을 둔 평범한 직장인으로서 다소 무모해 보이는 도전을 시작하게 된다.

2

너 미쳤니?

　박사 과정을 시작했을 때, 주변 사람들은 내가 직장을 그만두고 여기에 전념하리라곤 생각하지 않은 것 같다. 특히 박사 과정 초기 코스웍과 본업을 병행할 때는 그저 명함에 '박사 과정 수료생'이라는 직함 하나 넣으려고 시작했다고 생각하는 사람들도 있었다.

　2023년에 육아휴직을 들어가면서 그 동안 함께 일한 여러 기관 동료들께 인사말을 나눴는데, 이후 그분들에게 전화와 문자가 하나둘씩 오기 시작했다. 모두가 박사 과정에 도전하는 것을 축하해 주었지만, 동시에 "안정적인 직장을 왜 그만두나요?"라는 반응이 대부분이었다. 어떤 분은 계획도 없이 회사를 그만두고 박사 과정에 올인하는 나를 두고 "대단하다"는 칭찬과 함께 앞으로의 계획에 대한 걱정도 전해주셨다.

사실 회사를 그만두기로 결심했을 때 여러 가지 상황이 있었지만, 계속 근무했으면 논문은커녕 수료도 못 하고 끝날 것 같았다. 그래서 이번 기회에 돌아갈 수 없는 상황을 만들어야 했다. 돌아갈 다리를 아예 끊고, 이 과정에 모든 걸 걸어야만 했다. 사즉생, 생즉사(死卽生 生卽死)의 심정으로 전념할 힘이 필요했다. 물론 박사과정을 마친다고 삶이 확 달라지거나 갑자기 여러 기회가 들어와 선택의 순간이 펼쳐지는 건 아니다. 학위를 마친다는 건 겨우 초보 운전자가 되어 혼자 운전할 수 있는 기초적인 능력을 갖춘다는 의미에 불과하다. 그럼에도 직장과 학위 과정을 병행하는 일은 나에게는 너무도 어려운 일이었다. 그래서 지금도 직장 생활을 하며 학위를 마친 사람들을 정말 존경한다. 내 주변에도 이런 사람들이 몇 명 있는데, 정말 독한 사람들이라고 생각한다.

'너 미쳤니?' 라는 주위의 반응처럼, 나 완전히 미친 거 같다. 그런데 세상은 가끔 미쳐야 무엇이라도 이루어내는 것 아닐까.

③

역시 공부는 한 살이라도 어릴 때 하는 것

    석사 학위를 마친 후 학술 논문이나 전공 서적과는 거리를 두고 살아왔던 나는 거의 20년 만에 박사과정을 시작했다. 늦은 나이에 공부를 다시 시작한다는 것이 쉬운 일은 아니었다. 그러나 마침 나와 함께 박사 과정을 시작한 동기 두 명도 나와 비슷한 나이이고 전문직으로 근무하시는 분들이었다. 각자 자신의 분야에서 최고의 활약을 하는 이들이라 학업에 대한 열정 역시 뛰어났다. 나 역시 혼자 만학도가 아니라는 점이 위안이 되었고, 동기들과 여러 이야기를 나누며 서로 공부를 도울 수 있었던 것은 큰 행운이었다.

    코스웍 중에는 석박사 공동 강좌도 있었는데, 이때는 거의 10년에서 20년 차이 나는 학생들과 함께 수업을 들었다. 그럴 때면 나이 듦이 참 많이 느껴졌다. 열정은 가득한데 머리와 체력이 예전 같지 않았기 때문이다. 그렇지만 20대의 체력이나 반짝이는 머리는 없어도 현장에서 쌓은 경험으로 빈틈을 메워가며 공부를 이어갈 수 있었다. 국제대학원 특성상 거의 모든 수업이 영어로 진행되고 과제와 시험도 영어로 치러졌다. 업무에서 영어를 자주 사용해 영어는 자신 있었지만, 학문적인 영어는 또 다른 차원의 언어였다. 게다가 영어를 원어민처럼 유창하게 구사하는 뛰어난 친구들이 너무 많아 그들의 똑똑함에 새삼 놀랐다. 코스웍을 하며 확신하게 된 사실이 있다. 공부는 한 살이라도 어릴 때 하는 게 낫다.

④

위기의 박사과정

　우리 부부는 특별하고 사랑스러운 아들을 두고 있다. 밝고 사랑스러운 아이가 네 살 무렵부터 다른 아이들과 조금 다르다는 생각이 들었다. 아이가 평범하게 자라길 바랐던 우리의 소박한 바람은 그때부터 완전히 다른 길로 접어들었다. 일산에서 춘천으로 이사한 것도 큰아이의 돌봄 때문이었다. 우리 아이는 흔히 말하는 발달장애, 자폐증을 가지고 있어서 돌보는 데 각별한 환경과 노력이 필요했다. 우리 역시 장애가 있는 아이를 둔 많은 부모처럼 때로는 주어진 상황이 버겁기도 하고, 또 소중한 이 아이가 우리 가정에 온 것에 감사하기도 했다. 박사학위를 취득하고 조금 유연하게 일할 수 있는 삶을 꿈꾼 것도 바로 큰아이 때문이었다.
　아들은 어릴 때부터 열성 경련(뇌전증)을 겪어 왔는데, 피곤하거나 스트레스를 받으면 안 되고 특히 열이 오르면 안 되는 상황이었다. 열이 나면 다른 아이들처럼 해열제를 먹으면 될 텐데, 우리 아들은 물 외의 음료를 전혀 마시지 않았다. 그래서 우리는 늘 아이의 컨디션 유지를 위한 환경을 조성하며 살아가야만 했다.

2022년 3월, 박사 과정을 시작하고 첫 학기를 보내던 중, 큰아이에게 열이 나기 시작했다. 열을 낮추기 위해 여러 방법을 써 보았지만, 이미 한 번 오른 열은 쉽게 떨어지지 않았다. 코로나가 여전히 기승을 부리던 때라 응급실 자리조차 불확실한 상황에서 큰아이는 한밤중에 열성 경련을 시작했다. 119에 연락해 구급차를 불렀고, 침대에 실린 아이와 함께 병원으로 향했다. 구급차에서 아들은 계속해서 구토했다. 응급실에 들어가는 것조차 쉽지 않았지만 큰아들은 약을 먹지 못하고 계속 거부했기에, 병원에서 해열 주사를 맞아야 했다. 다행히 구급대원들의 도움으로 한 대학병원 응급실로 향할 수 있었다. 응급실에 도착하자마자 안도감이 들었지만, 곧 차가운 현실이 닥쳤다. 소아과 전문의가 없다는 이유로 입원을 거부당한 것이다. 그 순간, 머릿속이 하얘지고 아들이 정말 떠나는 건 아닌가 하는 끔찍한 생각까지 들었다. 구급대원들은 발 빠르게 여러 병원에 전화를 돌렸다. 가장 가까운 병상이 있는 곳은 충북 제천의 응급실이었다. 제천까지는 차로 1시간 30분 거리. 선택의 여지가 없었다. "무조건 갑시다." 단호하게 말했다. 구급차는 밤길을 뚫고 춘천 IC 방향으로 달렸다. 그때였다. 다른 대학병원에서 소아응급실에 자리가 났다며 입원이 가능하다는 연락이 온 것이다. 기적과도 같은 소식이었다.

　응급실에 도착하자마자 코로나 검사에서 아이는 양성, 나는 음성이 나왔다. 입원을 위해 아이는 이동식 캡슐 같은 장치에 들어가야 했지만 완강히 거부했다. 나는 아이를 안고 그 장치에 들어가 함께 이동할 수밖에 없었다. 땀과 답답함 속에서 병원에서 일주일을 버텼고 마침내 아들이 건강을 회복해 퇴원하게 되었다.

　그로부터 한 달 뒤, 4월 중순. 아들은 식사 중에 다시 경련을 일으켰고 옆으로 쓰러졌다. 이번에는 열도 없는 상황에서 경련을 겪었기에 더 걱정스러웠다. 다시 응급차에 실려 대학병원에 함께 입원했다. 일주일 동안 아들과의 병원 생활은 마치 감정의 롤러코스터를 타는 시간이었다.

　아들이 입원실에서 곤히 자는 모습을 보면서 문득 내가 박사 과정을 하는 것이 너무 사치스럽게 느껴졌다. 아들은 힘든 싸움을 하고 있는데, 나는 무엇을 위해 매일 아이들을 보지 못하며 공부만 하려 하는 걸까. 이런 내 마음을 아내에게 털어놓자, 아내는 단호하게 말했다. "당신은 당신의 삶이 있고, 아들은 아들의 삶이 있어. 아이만 돌보겠다고 학업을 포기하는 것은 둘 다에게 좋지 않아. 지금 해야 할 일에 집중하는 것이 당신이 해야 할 일이야." 그 말에 정신이 번쩍 들었다. 다시금 내 자리를 지켜야 한다는 다짐을 하며 아내에게 연락해 중간고사에 필요한 강의 자료를 병원으로 가져다 달라고 부탁했다. 일주일간 병원에 머물며, 아들이 깨어 있을 때는 아들을 돌보고, 잠들면 침대 옆 간이 의자에 앉아 공부했다. 나의 선택을 묵묵히 지켜보며 응원해 준 의료진과 가족 덕분에 나는 이 일주일을 버틸 수 있었다. 그렇게 퇴원한 날, 병원 문 앞에서 우리를 바라보는 아내와 둘째 아들의 눈에는 눈물이 맺혀 있었다. 그날 나는 바로 학교로 향해 경제학 중간고사를 치렀다.

5

육아휴직, 아이들과 나의 성장

    2023년, 1년간의 육아휴직은 우리 가정에 새로운 활력과 깊이를 가져다주었고, 나의 박사 과정에도 큰 도움이 되었다. 이 시간이 없었다면 아이들과의 관계는 지금처럼 끈끈하지 못했을 것이고, 학업도 수월하지 않았을 것이다.

    아이들은 매일 아침 나의 온기 속에서 눈을 떴고, 나와 함께 아침을 먹으며 등교 준비를 했다. 학교와 어린이집으로 아이들을 데려다주고, 돌아오는 길에는 끝없이 이어지는 재잘거림 속에서 우리만의 소중한 이야기가 차곡차곡 쌓여갔다. 오후에는 아이들을 픽업해 수영, 축구, 농구, 족구, 등산과 같은 야외 활동을 함께하며 매일의 시간을 채웠다. 육아휴직 기간에 코스웍을 빨리 마치기로 마음먹고, 3학기에는 4과목을 수강했다. 금요일과 토요일은 용인에 있는 학교로 가서 수업을 듣고, 월요일부터 목요일까지는 아이들과 온전히 시간을 보냈다. 아이들은 금요일 아침에 아빠가 떠났다가 토요일 저녁에 돌아오면, 그 이후엔 늘 함께 있을 거라는 믿음이 생겼는지 더욱 건강하고 밝게 자라주었다.

어느 날 둘째의 어린이집에서 부모 직업을 소개하는 시간이 있었다. 다른 친구들은 각자의 아빠가 군인, 회사원, 공무원이라며 설명해 나갔다. 차례가 되자, 둘째는 당당히 "우리 아빠는 '육아휴직 쟁이'에요"라고 말했다. 평소에도 나를 육아휴직 쟁이라고 부르던 둘째는 육아휴직이란 일도 공부도 하지 않고 아이들과 시간을 보내야 하는 것이라며 천진난만하게 이야기했다는 것이다. 어느새 나의 별명은 '육아휴직 쟁이'가 되었지만, 오히려 이 애칭이 흐뭇하게 느껴졌다. 이후 둘째는 나를 '논문 쓰는 사람'이라고 부르며, 마감 기한인 다음 해 4월까지 논문을 끝내지 않으면 다 지워버리겠다고 귀여운 협박까지 했다.

사회적인 경력을 가장 왕성히 쌓아야 할 시기에 나는 잠시 휴식 버튼을 누르고 육아를 택했다. 하지만 4세에서 7세까지의 시기가 아이의 인생에 큰 영향을 미친다고 하니, 이 시간의 소중함은 말로 다 할 수 없다. 아이들은 이제 훌쩍 자랐지만, 여전히 나와 다양한 활동을 통해 세상을 배워가며 하루하루 성장하고 있다. 이 육아휴직은 단순한 휴식이 아니라 아이들과 나 모두에게 소중한 성장의 시간이었음을 깨닫는다.

6

새벽을 깨우며 쌓아가는
하루의 균형

    2023년 육아휴직 동안 아내가 일을 이어가며, 나는 집안일과 두 아들의 등하교 및 돌봄을 도맡았다. 논문을 준비하면서 시간의 중요성을 절실히 깨달았고, 그래서 일과를 더욱 체계적으로 짜기 시작했다. 가족들과 보내는 시간을 소중히 여기며, 그 외의 시간엔 논문에 집중하기로 마음먹었다.

    하루는 새벽 4시에 시작된다. 매일은 아니지만, 대개 이른 새벽에 일어났다. 고요한 새벽 3시간 동안 논문을 정리하고 쓰는 데 몰입했다. 7시가 되면 막내가 일어나 내 등에 기대어 "아빠, 굿모닝… 내년 4월까지 알지? 4월까지 안 끝내면 논문을 다 지워버릴 거야"라고 장난 섞인 협박을 한다. 그런 아들이 귀엽고 사랑스러워서 미소가 절로 나온다. 아침 식사를 마치고 8시에 아이들과 집을 나선다. 첫째를 학교에 내려주며 진한 포옹과 함께 기도해 주고,

둘째를 어린이집에 데려다준다. 돌아오는 길엔 차 안에서 뉴스를 들으며 하루를 준비하고, 집에 도착해서 청소, 설거지, 빨래를 끝내고 나면 오전 10시쯤이다. 커피 한 잔을 내리고, 조용한 음악을 틀고, 고요한 거실에서 논문 작업에 다시 집중한다. 가끔 조깅도 하고 싶지만, 오전 시간을 잘 활용해야 하루가 알차게 흘러간다.

오후 3시가 되면 둘째를 데려와 축구 레슨을 한다. 축구 클럽에 보내달라는 둘째에게 "아빠에게 더 배울 게 없으면 가라"며 기본기를 가르친다. 리프팅, 볼 컨트롤, 패스, 스텝까지 꾸준히 훈련시킨다. 예전에 축구장에서 아이들이 바로 슈팅부터 하려고 했을 때, 공과 내 몸이 하나가 되는 감각 훈련이 중요하다고 느꼈기에 이를 둘째에게도 전해주고자 했다. 운동을 마친 둘째에게 아이스크림을 사주고 나면, 5시 무렵엔 큰아들이 학교에서 돌아온다. 두 아이를 데리고 수영장에 가서 수영도 직접 가르친다. 가끔 아내에게 "두 아들 사교육을 내가 다 하고 있는데 왜 월급이 없지?"라며 농담을 하기도 한다. 이렇게 다양한 운동과 활동을 가르칠 수 있는 것에 감사하면서도 신기하게 느낀다.

저녁 식사를 마친 뒤엔 아이들을 씻기고 잠자리를 준비한다. 하루를 마무리하면 밤 9시, 늦으면 10시쯤 아이들과 잠이 든다. 다른 것도 하고 싶은 마음이 들지만, 내일 새벽 4시에 일어나기 위해 이 시간에 잠드는 것이 중요하다. 이렇게 나의 하루가 균형 있게 마무리되고, 또 하나의 새로운 하루가 준비된다.

⑦

박사 과정의 길에서 깨달은 것들

박사 과정을 시작할 때, 나는 그저 개인의 노력이나 의지로 이 길을 헤쳐 나갈 수 있다고 믿었다. 하지만 과정 중에 수없이 깨달은 점은, 가족의 지지와 외부의 도움 없이 완주하기 힘들다는 것이었다. 전에는 논문 서문에서 '가족에게 감사한다'는 글을 무심코 넘겼지만, 이제는 그 말의 의미를 마음 깊이 이해하게 되었다. 다분히 개인적인 경험이지만 박사 과정을 준비하는 분들에게 작은 도움이 되기를 바라며, 몇 가지 노하우를 소개하고자 한다.

1) 시간 만들어내기: 불필요한 것 줄이기

논문을 쓰기 위해서는 우선 선행 연구자료를 검토하는 것이 필요하다. 이러한 연구자료는 읽고 기록하지 않으면 읽고 또 읽는 상황이 발생한다. 그리고 선행 연구자료 이외에도 인터뷰하고 인터뷰 내용을 정리하고 분석 프로그램을 활용해서 분석하는 수많은 과정이 필요하다. 그래서 주어진 일과 중에 집중해서 논문을 연구할 수 있는 시간을 만들어야 한다. 하루 최대 5시간에서 6시간은 집중할 수 있는 시간이 필요하다.

24시간 중 대여섯 시간이 적다고 생각할 수 있는데 수면 시간, 식사 시간 제외하면 14시간 중 6시간이니 꽤 긴 시간이다. 그리고 하루 종일 책상에 앉아 있는다고 논문의 진도가 잘 나가는 것은 아니다. 그래서 나는 우선 6시간을 만들기 위해서 하루 일과 중 불필요하게 쓰고 있는 시간을 줄이기로 했다. 일단 집안일하고 아이들 챙기는 것은 필수로 해야 하는 시간이다. 이 값은 기준값이니 어쩔 수 없다. 가만히 생각해 보니 스포츠 하이라이트를 보는 시간이 꽤 되었는데 주로 축구, 테니스, 야구 등 내가 좋아하는 선수가 나오는 경기는 하이라이트를 챙겨보았다. 특히 내가 정말 좋아하는 스페인 테니스 영웅 라파엘 나달(Rafael Nadal)의 지난 경기 영상들을 보는 데 시간을 많이 사용했다. 힘든 결정이지만, 이러한 시간을 없애버렸다. 그래서 새벽에 3시간, 오전에 3시간을 기본으로 세팅해 두고 오후와 저녁에는 가정 상황에 따라서 다시 시간을 내어 논문을 이어가도록 했다. 일단 꼭 안 해도 되는 것은 끊는 것이 시간을 낼 수 있는 방법이긴 하다. 유튜브의 알고리즘에 빠져들지 않기 위해서 핸드폰을 멀리 두는 것도 좋다.

2) 마감일 설정하기: 정해진 시점에서 넘어가기

학위논문은 긴 여정이기에, 때때로 불필요한 자료에 빠지거나 특정 장에 몰두할 수 있다. 선행 연구 조사를 하면서 꼬리에 꼬리를 무는 논문들이 나오고 그 논문들을 따라가다 보면 처음 주제로 잡은 것과 별 상관이 없는 논문을 읽고 있다는 것을 발견하게 된다. 그리고 총 5장으로 구성된 논문에서 1장, 2장에 너무 집중하다 보면 3장, 4장, 5장으로 넘어가지 못하는 경우가 많다. 그래서 마감일을 설정하는 것이 좋다. 마감일을 정해두고 그 시간이 되면 다른 장으로 넘어가야 한다. 그러지 않으면 영원히 1장에 갇혀서 헤어나지 못하는 경우가 많다. 마치 방송국 PD가 방송 시작을 앞두고 마지막까지 편집하다가 마음에 들지 않는 부분이 있지만 방송을 내보내는 것처럼, 가끔 욕심을 버릴 때가 필요하다. 어차피 완벽한 논문은 없고 박사 논문에 완벽을 기대하지는 않는다.

3) 건강한 정신, 건강한 체력: 규칙적인 운동의 힘

하루 종일 책상에 앉아 있다고 좋은 논문이 나오는 것은 아니다. 글이 막힐 때면 나는 컴퓨터를 덮고 조깅을 하러 나간다. 건강한 정신은 건강한 육체에서 비롯된다는 말이 있듯, 긴 논문 여정에서 체력은 필수다.

논문 목차를 설계할 때 나도 몇 날 며칠을 자료와 씨름하며 고심했지만, 원하는 틀이 쉽게 잡히지 않았다. 여러 자료를 들여다 보며 스트레스를 받던 중, 컴퓨터를 덮고 밖으로 나가기로 했다. 의암호를 따라 조성된 트래킹 길은 그야말로 달리는 사람에게는 선물 같은 곳이었다. 푸른 산과 맑은 물 사이를 가로지르며 조깅을 하자, 마음도 정리되는 기분이 들었다.

한 시간 정도 달리고 돌아오는 길에 머릿속으로 목차가 차츰 그려지기 시작했다. 신기하게도 책상에서 자료를 볼 때는 떠오르지 않던 아이디어들이 폭포수처럼 쏟아졌다. 조깅을 마치고 집으로 돌아와, 바로 논문 목차를 정리해 나갔다. 이후로 논문이 막히면 의암호를 따라 조깅하며 막힌 부분을 정리하는 습관이 생겼다. 조깅 중에 자신에게 말을 걸듯 중얼중얼하며 문제를 풀어가곤 했다. 규칙적인 운동은 긴 논문 여정에 꼭 필요한 원동력이 된다.

4) 모든 날은 검은 날: 공휴일 없이 몰입하기

학위논문을 쓰는 동안 공휴일이라는 개념도 사라진 듯하다. 달력에 빨간 글씨로 표시된 날들도 내겐 평범한 하루일 뿐이고, 명절 역시 부모님께 인사를 드리는 당일을 제외하고는 연구실에서 논문 작업을 이어갔다. 내게 모든 날은 '검은 날', 곧 논문을 쓰는 날이었다. 하지만 이러한 날들이 싫지는 않았다. 평소 관심이 많았던 주제를 다루고 있어, 선행 연구 자료를 찾고, 인터뷰하며 학술적인 의미를 찾아가는 과정은 여전히 설레고 흥미로운 여정이었다. 당장에 힘들지만 월화수목금금금의 삶을 살아보자.

5) 인치 by 인치: 한 걸음씩 나아가기

논문은 장거리 마라톤과 같다. 두 아들과의 시간을 보내면서 논문을 쓰려다 보니 하루하루가 작은 전쟁이었다. 그러나 멈출 수 없는 길 한 걸음씩 차근차근 쌓아갔다. 시간의 빈틈이 생기면 자리에 앉아서 논문을 작성했다. 아이들을 기다리는 시간, 아내가 장을 보러 간 시간 등 시간이 생기면 그 자리에서 노트북을 꺼내 들고 무엇이라도 작성했다.

6) 러닝메이트의 중요성: 함께 걸어가는 힘

달리기할 때도 혼자 보다 둘이나 셋이 같이하면 더 먼 거리를 더 쉽게 갈 수 있다. 논문도 마찬가지다. 혼자 이 논문 과정을 가는 것은 마치 사막에 혼자 서 있는 느낌이 들 수도 있다. 나는 정말 운이 좋은 게 내가 논문을 준비하는 시기에 같이 논문을 준비하는 1년 위 기수 선배를 만났다. 같이 수업도 듣고 논문 진행 상황을 공유하니 비슷하게 나가고 있는 거 같았다. 그래서 그 선배와 논문에 대한 정보도 공유하고 프로포절, 논문 심사까지 함께하게 되었다. 때론 논문으로 스트레스를 받고 있을 때 농담하면서 긴장을 풀고 또 서로 격려하면서 서로의 진행 상황을 점검해 주곤 했다.

7) 충분한 대화: 가족에게 박사 과정의 의미 설명하기

가족과 논문 준비 과정과 이유에 대해 충분히 나누었다. 이러한 대화는 논문을 준비하는 동안 가족의 이해와 지지를 얻는 데 큰 도움이 되었다. 특히 자녀들에게는 박사학위를 하는 이유와 이 과정을 통해 아빠가 자녀들에게 할 수 있는 것과 할 수 없는 것을 명확히 설명하는 것이 중요하고 언제 이것이 마칠 것이라는 날짜도 알려주면 좋다. 그러면 지도교수님의 압박과 가족의 압박을 함께 받을 수 있어서 더 동력이 생긴다.

8) 내년 5월 이후를 생각하기

나와 함께 논문을 준비하는 러닝메이트와 나에게 위기가 찾아왔다. 가끔 이러한 슬럼프가 오기도 한다. 이럴 때 우리는 정말 당돌하게 이런 상상을 했다. "자, 지금은 힘들지만 내년 5월을 상상해 보세요." 이 말에 우리는 끝나지 않을 것 같은 터널 안에서 빠져나온 듯한 해방감을 느끼며 정말 행복해했고 또다시 걸어갈 힘을 얻었다. 그래, 내년 5월을 생각하자.

8

멈춤 속에서 찾은
글쓰기의 지혜

    2023년 8월, 무더운 여름의 어느 주말이었다. 논문은 진전이 없고, 가족들과 잠시나마 떠나고 싶어 우리는 토요일 아침 속초로 향했다. 바다 수영을 좋아하는 나와 큰아들, 모래놀이를 즐기는 둘째 아들, 그리고 그저 우리를 바라보는 걸 좋아하는 아내가 한 차에 몸을 싣고 신나게 양양 고속도로를 달렸다. 고속도로에 들어서자마자 둘째가 화장실이 급하다고 해 홍천휴게소에 잠시 멈춰야 했다. 둘째를 데리고 화장실에 들어갔다가, 문득 벽에 붙은 문구가 눈에 들어왔다. "그냥 써라." 고도원의 〈아침 편지〉였다. 너무 완벽한 글을 기대하면 시작을 못 하니 일단 써 내려가는 것이 중요하다는 것이다. 그리고 좋은 논문은 끝마친 논문이고 박사 논문이 인생 최고의 논문이 될 가능성은 없으니 그냥 쓰라는 것이다.

    그 글귀를 보는 순간, 마치 머리를 한 대 맞은 듯한 느낌이 들었다. 논문을 쓸 때 너무 힘을 주고 있던 건 아닐까? 좋은 글을 쓰기 위해 화려한 단어와 멋져 보이는 문체를 고심하느라 한 걸음도 나아가지 못했던 건 아닐까? 문득 깨달음이 왔다. 그래서 그 문구를 사진으로 남기고, 둘째와 함께 휴게소를 나섰다. 즐거운 가족여행을 마치고 일상으로 돌아온 나는 결심했다. 이제는 힘을 빼고, 정말 '그냥' 쓰기로 했다. 아무것도 쓰지 않으면 아무 일도 일어나지 않으니까. 때로 인생의 지혜는 예상치 못한 곳에서 발견되는 법이다.

9

포기하고 싶을 때
논문을 붙드는 힘

　논문을 쓰는 과정에서 위기는 수차례 찾아온다. 문득 '내가 무슨 부귀영화를 누리겠다고 이런 고생을 하고 있는 걸까?'라는 생각이 밀려오고, '박사 학위가 없다고 살아가는 데 큰 문제가 있을까?'라는 자조적인 마음도 들 때가 있다. 그럴 때마다 나를 붙들어 준 사람들이 있었다.
　첫 번째는 가족이다. 가족의 사랑과 응원을 생각하면 지금 포기하는 것은 상상도 할 수 없는 일이다. 둘째 아들은 "아빠, 내년 4월까지는 내가 아빠랑 축구도 잘 못하고, 여행도 못 가도 이해할게. 그러니까 꼭 마쳐!"라며 나를 격려해 준다. 첫째 아들은 사랑스러운 미소로 늘 나를 응원해 주고, 아내는 "빨리 좀 해내라"는 말로 나를 독려한다. 이들을 생각하면 없던 힘도 다시 생겨난다.
　두 번째는 나의 후배들이다. 국제개발협력 분야에 있는 후배들은 미래에 대한 고민이 많다. 국제 NGO 본부장 자리를 내려놓고 새로운 길에 도전하는 선배로서, 나의 연구와 학위 과정이 그들에게 신선한 영감을 줄 수 있을 것이라는 생각에 사명감이 생긴다.

마지막으로는 현지 파트너들이다. 내 논문은 현지화^{localization}에 관한 연구로 주로 권력관계, 개발협력의 주도성 등에 관한 연구이다. 그동안 주로 북반구 국가(흔히 말하는 선진국)를 중심으로 이러한 연구가 되어져 왔다. 이러다 보니 남반구 국가(흔히 말하는 개발도상국)의 관점에서 현지인들의 생각과 의견을 충분히 고찰하는 데는 한계가 있었다. 이번 연구는 남반구 국가에서 활동하는 캄보디아 NGO 실무자들을 대상으로 하였기 때문에, 현지 실무자들의 연구 주제에 관한 관심과 참여도가 특히 높았다. 이러한 현지 직원들의 관심, 기대를 생각하면 '포기'라는 단어는 사치처럼 느껴진다.

이렇게 가끔 포기하고 싶을 때도 있지만 내 주위의 많은 사람이 머리에 떠오른다. 그들의 사랑과 응원 덕분에 포기라는 단어는 지워버리고 하루 하루 묵묵히 걸어나아 갈 수 있었다.

⑩

춘천 박사마을과
215번째 이름

    춘천 서면에는 '박사마을'이라는 곳이 있다. 이 지역에서 유독 많은 박사가 배출되어 이런 이름이 붙었다고 한다. 마을에는 박사 학위를 받은 사람들의 명단이 새겨진 기념비가 있는데, 지금까지 이 작은 마을에서 배출된 박사만 해도 214명이다. 그 수가 놀랍다.
    학위 과정이 마무리되어 갈 즈음, 아내와 브런치를 먹으러 드라이브하다가 박사마을을 지나게 되었다. 그때 아내가 농담처럼 말했다. "여보, 우리 주소를 여기로 옮기면 어때? 그러면 당신 이름도 기념비에 새겨지고, 215번째 박사로 기억될 텐데!"

⑪

학위를 마친 날,
나를 빛내준 이들에게 감사하며

    2024년 8월, 마침내 학위를 마쳤다. 학위 수여식장으로 향하는 길에서 많은 생각이 스쳐 지나갔고, 만감이 교차했다. 어떻게 내가 이 모든 과정을 지나왔을까? 그리고 이 학위로 앞으로 어떤 길을 열어갈 수 있을까? 돌이켜보면 정말 기적의 연속이었다. 대학 입시에서 후보 3번으로 겨우 들어갔던 내가 어떻게 박사 학위를 받게 되었는지 생각하면, 인생의 1막이 참으로 버라이어티하고 스펙터클했다. 그리고 이 기쁨의 순간에 가족들의 끊임없는 응원과 기도가 빠질 수 없다. 특히 논문을 쓰는 동안 아침저녁으로 전화를 걸어 기도해주신 아버지의 사랑과 정성 덕분에 이 기적 같은 일이 가능했다. 학위 과정에서 늘 세심한 지도를 해 주신 지도교수님, 함께 응원하며 그 길을 걸어 간 동료 학우들, 국제개발협력의 많은 선배들 그리고 캄보디아 현지 직원분들의 도움과 지지 그리고 사랑하는 아내와 두 아들의 응원이 없었더라면 끝나지 못했을 것이다.

우주에는 수많은 천체가 존재한다. 항성은 태양처럼 스스로 빛을 내는 별이고, 행성인 지구와 위성인 달은 스스로 빛을 낼 수 없어 다른 천체의 빛에 의지한다. 달은 혼자서 빛날 수 없기에 늘 태양을 찾고, 그 빛에 감사한다. 인생도 마찬가지다. 나를 비춰준 빛나는 이들이 있었기에 지금의 내가 있다. 빛나는 순간마다 그 빛을 위해 묵묵히 희생한 사람들을 떠올리며 감사하는 이유가 여기에 있다.

오늘은 나를 여기까지 이끌어준 모든 분들 덕분에 내가 빛나는 순간이다. 앞으로는 이 학위를 개인의 번영과 안녕이 아닌, 다른 사람에게 빛이 되는 삶을 살고 싶다. 내 인생의 2막이 그 어느 때보다 아름답기를, 또 누군가의 빛이 되어주는 삶이 되기를 소망해본다.

⑫ 새로운 출발

2025년 가을, 새롭게 시작한다. 비어 있는 공간을 채워가듯, 새로운 곳에서 새로운 사람들과 함께 소중한 일로 채워가길 기대한다.

**세상을 잇는 NGO
국제개발협력**

© 이성호 2025

1판 1쇄 발행 2025년 8월 25일

글·사진 이성호

ISBN 979-11-978605-3-9 (03330)

펴낸이 박소연
편집 박소연
디자인 VUE

펴낸 곳 호하스
등록 2020년 5월 13일 제385-2020-000024호
주소 (14055) 경기도 안양시 동안구 시민대로327번길 11-41, 3340호
홈페이지 www.goggasworld.com
전자우편 soyeonaaaa@naver.com

이 책에 수록된 내용은 저자의 판단에 따른 것이며, 출판사의 입장과 다를 수 있습니다. 내용의 전부 혹은 일부를 재사용하려면 반드시 저작권자의 동의를 받아야 합니다.